오늘도
아이들에게
배웁니다

오늘도 아이들에게 배웁니다

여전히 교실에서 희망을 찾는
15년 차 초등교사의 교단 일지

손지은
지음

들어가며

15년째 초등학교 교사로 살고 있습니다. 초임 때는 15년 정도가 지나면 베테랑 교사가 되어 있을 줄 알았는데 현실에서는 여전히 헤매고, 여전히 서툰 교사입니다. 학교 일을 특별하게 잘하는 것도 아니고 남들에게 인정받는 대단한 선생님도 아닙니다. 어떻게 하면 업무를 줄일 수 있을지 매일 고민하고, 방학이 되기만을 손꼽아 기다리는 게으른 선생님입니다.

교직 생활이 15년 차에 접어들다 보니 초임 때 제자로 만났던 아이를 신규 동료 선생님으로 다시 만나게 되는 특별한 경험도 하고 있습니다. 어느 분야에서라도 씩씩하게 보람을 거두는 제자들은 모두 대견하지만, 특히 저와 같은 길을 걷는 제자들은 더욱 특별한 기쁨으로 다가오지요. 이제는 성인이 된 제자와 만나 이런저런 이야기를 나누다 보니 제가 밟아 왔던 고민의 여정을 그 아이에게서도 고스란히 읽을 수 있었습니다.

몇 해 전 함께 근무했던 신규 선생님의 고백을 생생히 기억합니다. 학교와 아이들이 힘들다고 토로하는 걸 우연한 기회에 듣게 되었지요. 같은 학년 선생님도 아니었고 대화를 나눌 기회도 없었기에 몇 마디 건네기가 조심스러웠습니다. 그 선생님의 상황에 충분히 공감했지만, 함부로 조언한다는 것이 쉬운 일은 아니었으니까요. 이 책은 그때의 미안한 마음에서 출발해, 이제 막 선생님이 된 후배 선생님들, 그리고 아이들에게 배우고자 하는 모든 어른을 위해 썼습니다.

아이들을 가르치며 지내 온 시간이지만 오히려 아이들에게 배운 것이 더 많았습니다. 아이들에게 해 주었던 숱한 위로와 격려는 저 자신에게 들려주고 싶은 이야기이기도 했습니다. 사람은 죽을 때까지 배워야 하고, 특히 선생님은 늘 아이들과 함께 성장하는 과정에 있는 사람이기에 더더욱 배움을 멈춰서는 안 된다는 믿음이 제게는 있습니다. 이 믿음이 아이들을 통해 실현되어서 참 다행입니다.

평범한 교사인 제가 감히 이 글을 세상에 내놓게 된 건 결코 스스로 대단하다고 생각해서가 아닙니다. 운이 좋게도 지나온 시행착오들을 더듬어 기록해 볼 기회가 있었던 덕분입니다.

글을 쓰며 과거의 생각과 경험을 끄집어내고 소회를 보태다 보니 자랑이나 잘난척 하는 것처럼 느껴지는 부분도 있을 것입니다. 부디 너그러운 마음으로 이해해 주시고, 도중에 그런 느낌이 들 때는 얼른 페이지를 넘겨 마음 가는 부분만 읽으시기를 권합니다.

교권이 추락하고 교사와 학부모 서로의 신뢰가 무너지는 힘든 현실에서도 교실에는 여전히 웃음이 피어나고 아이들은 자라나고 있습니다. 매일은 느끼지 못하지만 1년이 흐르고 아이들과 헤어질 즈음이 되어 지난 3월의 모습을 떠올리면, 생각과 마음이 훌쩍 커 버린 아이들을 마주하게 됩니다. 한 해 한 해 지나다 보면 저도 어느새 성장해 있었습니다.

이 책은 총 3부로 이루어져 있습니다. 1부는 아이들에게 가르침을 얻은 이야기를 다루었고, 2부는 교직 생활을 하면서 느낀 저의 부족함과 교직에 대한 소회, 그 과정에서 배운 노하우를 담았습니다. 3부는 아이들과 생활하면서 경험한 특별한 순간들을 모았습니다.

또한, 중간중간 선생님들의 고민을 받는 '오늘의 교실 상담소'를 열어 엉뚱하면서도 솔깃한 아이들만의 해결법을 실었습니다.

이 책을 펼친 여러분은 이미 좋은 선생님이자 어른입니다. 성장하는 발걸음이 조금 더 가벼워지는 데에 이 책이 도움이 된다면 진심으로 기쁠 것 같습니다. 이 글이 아이들과 함께 살아가는 많은 분의 가슴에 따스하게 스며들면 좋겠습니다.

아이들의 웃음이 익어 가는 가을
손지은

일러두기

· 이 책에 등장하는 아이들의 이름은 모두 가명이다(「마음을 만나는 기쁨」의 박재영 학생은 본인과 학부모의 요청으로 실명을 기재하였다).
· 단행본 제목은 『　』, 단편 글, 시 제목 등은 「　」, 영화, 방송 프로그램 등은 〈　〉로 표기하였다.

차례

/ 들어가며   5

1부
**오늘도
아이들에게
배웁니다**

/ '예의 없는' 아이들   15

아이들의 위로법   21

나를 챙기는 법   26

선생님의 꿈   31

어른이 된다는 것   37

잔반을 없애는 가장 현명한 방법   42

친구가 될 이유   48

최선의 삶은 춤추는 삶   56

마음의 시계   62

아픈 건 아픈 거니까요   71

그럴 수 있지   78

2부
우리는 아직 부족하고, 그럴수록 한 뼘 더 자란다

사과하는 용기	87
선생님처럼 하면 안 되는 체육 시간	94
등딱지에 숨은 거북이	103
부장 선생님의 편지	111
친절하게 단호하게	121
빛나는 아이를 만드는 연금술사	127
성급한 오해	135
문제가 아니라 어려움이 있을 뿐입니다	142
잘했다는 말보다 고맙다는 말	150
학부모님과 진심이 통할 때	157
더 섬세해야 할 선생님의 언어	163
그 아이 어때요?	172

3부
발맞춰 걷는 즐거움

영환이의 귓바퀴	179
콰이어트(Quiet): 조용한 아이들	185
달팽이 친구를 부탁해	194
책 읽기의 이유	201
반장 선거	208
콩콩팥팥 국어 시간	216
우리 안의 진주	224
마음을 만나는 기쁨	230
풀꽃을 자세히 보려면	237
식어서 더 따뜻한 피자	243
승규와 신발장	249
은밀하게 위대하게	255
나오며	262
이제 막 교사가 된 제자 정훈이에게	264
이제는 동료 교사로 만나 뵐 선생님께	269

1부

오늘도 아이들에게 배웁니다

"상대에게 준 것을 기억하고
그대로 돌려받기를 바라는 쪽은 오히려 어른들입니다.
우리는 그걸 예의라는 이름으로 포장하지요."

'예의 없는' 아이들

아이들은 선물 주는 일을 큰 기쁨으로 여깁니다. 색종이로 꼬깃꼬깃 접은 하트나 종이 장미, 색연필로 정성스레 꾸민 그림이나 책갈피, 손수 만든 편지지까지. 정성을 담아 누군가에게 줄 선물을 만드는 건 아이들이 참 좋아하는 일이거든요. 지난주만 해도 다른 반 교실에 보결 수업을 들어갔다가 쪽지를 건네받았습니다.

> 새로운 선생님께,
> 우리 선생님이 편찮으신데 대신 오셔서 감사합니다. 선생님이 오시지 않았다면 오늘 우리는 공부를 못 했을 거예요. 감사합니다.
> 보민 올림.

한 시간의 수업에도 이렇게 감사를 표현하는 아이를 만날 수 있는 곳이 초등학교입니다. 그 짧은 메모 덕에 제 마음에는 따뜻한 바람이 불었습니다. 웃으면서 고맙다고 인사했더니 그 뒤로 학교 여기저기에서 마주칠 때마다 허리 굽혀 깍듯하게 아는 척을 합니다.

"어? 우리 반에 왔던 선생님이다! 안녕하세요?"

*

언젠가 소윤이라는 저희 반 아이가 웃으며 말했습니다.

"선생님, 있잖아요. 저는 선물 받는 것보다 주는 게 더 좋아요. 이상하게 선물을 줄 때가 더 행복한 기분이 들어요. 받은 사람이 어떻게 말할지도 너무 궁금해요."

곱씹어 생각해도 좋을 만큼 예쁜 마음이 아닌가요. 우리도 한때는 그렇게 순수한 아이였을 테지만 어른이 된 순간부터 선물을 주고받는 건 흔치 않은 일이 되었습니다. 선물은 기껏해야 생일이나 특별한 일이 있을 때만 주고받는 교환품에 불과해졌지요.

"선생님, 이거 하실래요? 제가 만들었어요. 여기 놔두면 예쁠 것 같아서요."

선생님이 당연히 기뻐할 거라 확신하는 표정으로 종이꽃을 건네는 소윤이에게, 책상 위에 물건 둘 곳이 없다고 말할 수는 없었습니다. 그렇게 거절하지 못해 쌓인 선물들이 지금도 제 모니터 아래를 차지하고 있습니다. 언제든 치울 수 있지만 치워서는 안 되지요.

*

언젠가 주말을 지내고 온 월요일 아침, 진후가 열한 번 만에 성공했다며 달고나를 수줍게 내밀었습니다. 다섯 번도 아니고, 열 번도 아니고 열한 번이라니요. 선생님을 생각하며 여러 번 달고나에 도전한 그 정성에 감동하지 않을 수 없었습니다.

"선생님이 돈 주고 산 선물은 안 받는다고 해서요. 손으로 만든 거나 편지 같은 것만 받는다고 하셔서 주말에 엄마랑 같이 만들었어요."

지난 사회 수업 시간에 옛날 간식들이 소개된 책을 보다가 어떻게 하면 달고나를 잘 만들 수 있느냐 하는 주제로 대화를 나눈 적이 있었습니다. 달고나가 나왔던 드라마가 크게 인기를 끌면서 집에서도 만들어 봤다는 아이들이 제법 많았기 때문에 너도나도 한마디씩 거드느라 열기는 뜨거웠습니다.

"얘들아, 너희는 성공했니? 선생님은 몇 번 해 봤는데 어렵더라. 비율을 못 맞춰서 그런지 항상 실패야. 그래도 선생님이 달고나를 너무 좋아해서 이상한 모양이라도 맛있게 먹었어."

제가 한 말을 기억하고 있던 진후가 주말 동안 만든, 열한 번 만에 성공한, 그렇게 귀한 달고나를 선물로 받았습니다. 그 순간을 저는 잊지 못합니다. 가운데에 별 모양이 반듯하게 찍힌 달고나였지요. 이쯤 되면 색깔이나 모양 따위는 더 이상 중요하지 않아요. 누군가는 흘려들을 수도 있었던 사소한 말을 기억해 준 그 고운 마음씨에 어떻게 반하지 않을 수 있을까요.

"와, 진후야, 이거 산 거 아니야? 집에서는 이렇게 완벽한 모양을 만들 수가 없는데… 어떻게 하면 이렇게 예쁘게 되지?"

저는 진후가 더 기분이 좋았으면 해서 격하게 반응해 주었습니다. 아마 그때 진후의 어깨가 10cm는 솟은 것 같았습니다. 저는 선물을 주었을 때 상대방의 미지근한 반응만큼 김새는 것도 없다고 생각해서, 아이들이 좋아하는 리액션을 늘 크게 해 주려고 노력하는 편이거든요.

"근데요, 선생님. 이거 생각보다 쉬워요. 다음에 또 만들어 올게요."

조금 전까지 열한 번 만에 겨우 성공했다던 엄살은 어디로 가고, 이제는 귀여운 허세까지 부립니다. 이런 순간은 아이들과 함께 살아가는 선생님이기에 누릴 수 있는 소소하지만 정말로 큰 행복입니다.

*

나은이는 방과 후 요리부에서 만들었다며 제 자리에 초콜릿을 놔두고 간 적도 있습니다. 교무실에서 회의를 마치고 교실로 돌아와 보니 자리에 쪽지가 놓여 있었지요. 요리 수업을 마치고 집으로 돌아가는 길에 잠깐 들렀다 간 모양이었습니다.

> 선생님, 저 나은인데요. 제가 요리부에서 만든 코코아밤이에요. 선생님은 커피를 안 좋아한다고 하셨잖아요. 그래서 이거 드리고 싶어요. 선생님이 좋아하시면 좋겠어요.
> 먹는 방법: 뜨거운 우유에 넣어서 초코가 다 녹으면 핫초코처럼 먹으면 돼요! 선생님, 사랑해요.

먹는 방법까지 상세히 적은 나은이의 친절한 마음 덕분에 더 달달한 선물이 되었습니다. 교무회의에서 한가득 실어 왔던 피로가 한 방에 풀리는 기분이었지요. 그날 마셨던 핫초코는 여태껏 마셨던 어떤 음료보다 따뜻하고 달콤했습니다. 저는 주책스럽게도 인증 사진까지 찍어 나은이에게 고마움을 전하고 말았습니다.

아이들에게 아무것도 주는 게 없는데, 매일 이래라저래라 잔소리만 열심히 하는 선생님인데, 아이들은 뭐든 주지 못해서 안달입니다. 돌이켜 보면 그동안 숱하게 받았던 편지에, 쪽지에, 정성 가득 담긴 아이들의 선물에 제대로 답장 한 번 해 본 적이 없습니다. 그런데도 아이들은 원망하지 않습니다. 왜 자기가 준 만큼 되돌려 주지 않느냐고 묻지도 않지요. 왜 그럴까 곰곰이 생각해 보니 아이들은 그저 선생님에게 주는 것을 기쁨으로 여겼던 것 같습니다. 지금껏 우리는 아이들의 이런 마음을 너무 가볍게 여겨 왔던 쪽은 아닐까요. 저는 어땠는지 지난 시간을 돌아보게 됩니다.

상대에게 준 것을 기억하고 그대로 돌려받기를 바라는 건 오히려 어른들입니다. 우리는 그걸 예의라는 이름으로 포장하지요. 상대의 생일날 케이크를 전했으면 내 생일에도 그만큼의 대가가 돌아오기를 은근히 기다립니다. 받는 사람도 사정은 다르지 않아요. 아이스크림 교환권을 받으면 커피 교환권이라도 돌려보내야 마음이 편해집니다. 우리는 '예의'를 신경 쓰는 어른이니까요. 예의라는 이름으로 받은 선물이니 예의라는 이름으로 돌려주어야만 하는 것이지요. 어느 순간부터 우리는 예의로 선물을 주고받는 일에 너무 익숙해진 것 같습니다. 그런 걸 느낄 때마다 저는 대가 없이 나누는 아이들에게 배웁니다. 그러면 그 마음에 감사하지 않을 수 없지요.

아이들의
위로법

 여행이 좋은 가장 큰 이유는, 집이 소중하다는 걸 느끼게 해 주기 때문이라는 말에 크게 공감했던 적이 있습니다. 당연하게 여겼던 것들에 감사를 느끼게 되고 위로를 얻기도 하기 때문이겠지요. 며칠간 교실을 비워야 했던 상황에서 저를 애타게 기다려 주는 아이들이 있다는 걸 알고서는 교실이라는 공간이 새삼 더 소중하게 느껴졌습니다. 당연하다고 생각했던 것들에 대한 감사와 위로를 얻을 수 있었거든요.
 갑작스러운 할머니의 부고로 며칠 동안 학교에 나가지 못했던 적이 있었습니다. 다시 출근하던 날, 아이들이 한 명씩 교실에 들어올 때마다 모두 짠 듯이 똑같이 물었지요.

"선생님, 괜찮으세요?"

제가 학교에 나오지 못한 여러 날 동안 제 안부를 궁금해했다는 아이들의 소식을 옆 반 선생님께 들을 수 있었습니다. 우리 선생님 언제 오시냐고, 무슨 일 있냐고 내내 걱정하며 저를 애타게 기다렸다는 아이들의 얘기를 전해 듣는 순간 미안한 마음과 감사한 마음이 교차하더군요. 기다릴 줄은 알았지만, 예상보다 훨씬 더 반겨 주는 아이들의 얼굴을 보니 저도 덩달아 기분이 좋았습니다.

"선생님! 저 사고 안 치고 얌전하게 있었다요, 잘했죠?"

교실을 비운 동안 내심 걱정되었던 사고뭉치 경진이가 호기롭게 말했습니다. 순간 웃음이 피식 나면서도 고마웠습니다. 사고 안 치고 얌전히 있었다는 표현이, 힘들었을 선생님을 그렇게라도 위로하고 싶었다는 말처럼 들렸거든요.

"응, 잘했어, 경진아. 진짜 고맙네!"

"선생님, 저 그러면 오늘부턴 사고 쳐도 되죠?"

경진이의 짓궂은 말에 정신이 어질어질해졌지만, 그래도 교실에 오자마자 웃을 수 있다는 게 좋았습니다.

"다른 선생님이랑 계속 수학 공부만 했어요."

"강낭콩 화분에 제가 잊지 않고 물 줬어요. 한번 보실래요?"

"선생님, 저희 1인 1역이요. 하던 대로 잘 하고 있어요."

제가 없던 며칠 사이에 보결 들어오셨던 선생님에 대한 야무진 보고, 또 그동안 있었던 일들을 하나라도 빠뜨릴세라 바쁘게 움직이는 입들 덕분에 귀가 따가울 정도였습니다.

"응. 그래, 그래. 알겠어, 알겠어."

양손으로 귀를 틀어막는 시늉을 하며 아이들을 말리고 있었지만 입가에는 미소가 함께였습니다. 선생님의 부재로 자신들이 겪었던 고충을 쉴 새 없이 조잘대는 아이들의 말, 또 시키지 않았어도 저희끼리 잘 지내고 있었음을 알리고 싶어 하는 아이들의 말에서 '선생님이 보고 싶었어요'라는 마음을 느낄 수 있었거든요. 아이들은 자기들만의 방식으로 그렇게 저를 반겨 주고 있었습니다.

선생님과 나눈 재회가 반가워 입꼬리가 귀까지 걸린 녀석들도 있었지만, 선뜻 다가오지 못하고 제 기분을 살피는 몇몇 아이들의 눈에는 걱정과 어른스러움이 묻어났습니다. 아직 어리고, 자신들만의 세상이 중요해서 다른 사람의 감정을 헤아리는 일에는 별로 관심이 없을 거라고만 여겼었는데, 조심스레 괜찮냐고 물어보는 그 한마디가 큰 위로로 다가왔습니다.

유빈이는 또래에 비해 어리게 느껴지는 아이였습니다. 귀엽고 아기자기한 캐릭터에 빠져 살았거든요. 특히 스티커를 좋아해서 공책이나 필통에 붙이며 노는 걸 좋아했고, 친구들에게 나눠 주기도 했습니다. 저에게 캐릭터 스티커를 여러 개 보여 주며, "선생님, 이게 예뻐요, 저게 예뻐요?"라고 묻는 일도 많았습니다. 어떤 날은 들뜬 얼굴로 다가와서 새로 산 스티커를 자랑하기도 했지요. 캐릭터에는 문외한이던 저도 유빈이 덕분에 웬만한 캐릭터 이름은 외울 지경이었습니다. 그런 유빈이가 그날 오후 아이들이 없는 틈에 조용히 제게 다가와서 속삭였어요.

"선생님, 이거 리미티드 에디션이거든요? 리미티드 에디션이 뭐냐면요, 잘 안 팔아서요, 구하기 어려운 거예요. 이거 제가 진짜 아끼던 건데요, 여기에 붙여 드릴게요."

그러면서 제 교무수첩을 가리키더군요. 별생각 없이 그러라고 했지요. 스티커에는 캐릭터 그림과 함께 '힘내! 다 괜찮아질 거야!'라는 글귀가 적혀 있었습니다.

"예쁜 스티커를 붙이면 기분이 나아지거든요."

마음이 울컥했습니다. 유빈이에게 스티커가 어떤 의미인지 모르는 사람이라면 그냥 그러려니 넘어갔겠지만, 저는 그럴 수가 없었어요. 슬픔을 삭이고 있을 저를 위해 '진짜 아끼던' 스티커를 아낌없이 건네는 유빈이의 진심이 느껴졌으니까요. 또래보다 어리다고만 생각했고 스티커를 향한 그 마음이 유치하다고만 여겼었는데, 오히려 스티커로 건네는 귀한 마음이 저를 더 크게 울리고 만 것입니다.

아이들의 세 줄 쓰기 공책에는 그간 못다 한 이야기들로 가득했어요. 슬픔을 이기려면 이렇게 해야 한다, 저렇게 해야 한다는 정답을 강요하는 대신 다정한 어투로 저를 달래 주는 듯한 아이들의 말이 힘이 되었습니다.

미사여구가 많다고 좋은 글이 아니며, 과장되게 꾸며 낸 이야기만이 감동으로 다가오지 않는다는 걸 느낄 때가 있습니다. 어려운 단어와 문장으로 쓰여야만 무게가 있는 것도 아니고요. 담백한 표현, 쉽게 읽히는 단순한 말이 오히려 더 마음을 움직일 때도 있는 법입니다. 쉽고 가벼운 언어로 쓰였다고 해서 그 이야기가 담고 있는 무게마저 가벼운 건 아니니까요. 저에게는 아이들이 건네는 위로가 그런 느낌이었습니다.

화려하지 않아도 진심이 담긴 말 한마디, 마음을 담은 작은 행동 하나에도 상대를 충분히 위로하는 힘이 담길 수 있다는 걸 아이들을 통해 배웠습니다. 과장된 말이 아니어도 마음을 보여 주는 걸로 이미 충분하다는 사실을요. 잘 알고 있다고 생각했던 아이들이었는데, 내가 너무 모르고 있었구나, 반성하게 된 날이기도 했습니다.

공자가 그랬지요. 세 사람이 함께 길을 가면 그중 반드시 내 스승이 있다고요. 교실에서 스무 명도 넘는 아이들과 함께 살고 있으니, 그중에서 얼마나 많은 아이가 저의 스승일지 생각합니다. 하찮고 사소해 보여도 그 마음을 깊이 들여다보고자 다짐합니다. 어른인 제 생각이 늘 더 옳다고, 더 지혜롭다고 여기는 마음은 내려놓고 아이들에게 매일 부지런히 배워야겠습니다.

나를
챙기는 법

아침에 민하가 갑작스레 쪽지를 건넸을 때 무슨 일이 있나 싶어 어리둥절했습니다.

> 선생님께
> 요줌드러 선생님에 이마가 빨같다. 선생님이 괜찮느시면 좋겠다.
> 선생님 힘내세요! 선생님 그리고 많이 많이 사랑해요.

때로는 틀린 맞춤법으로 쓴 편지에서 오히려 큰 감동이 느껴지기도 합니다. 글씨와 씨름하면서도 마음을 다하는 '열심'이 느껴져서일까요. 맞춤법의 세계에서 사투 중인 3학년 민하의 응원 쪽지 덕분에 아침부터 마음이 맑았습니다. 어제는 빨개진 저의 이마를 보고 걱정스럽게 한마디를 건네더니 오늘 이렇게 편지까지 써 온 거였지요.

며칠 전 이마에 화상을 입었습니다. 빨갛게 변한 피부가 걱정되긴 했지만, 대충 가려지기도 했고 시간이 지나면 괜찮을 줄 알고 연고만 바르며 버텼거든요. 그런데 상처가 점점 심해지더니 아이들의 눈에도 띌 정도가 된 것입니다. 진작 병원에 갔어야 했는데 안일하게 대처했던 제 실수였지요.

"선생님, 아프겠다요. 그러니까 빨리 병원에 가지요."

상처를 제일 먼저 눈치챈 잔소리쟁이 민하가 타이밍을 놓치지 않았습니다.

"우리 엄마가 그랬는데요, 조금만 아파도 병원에 가야 한대요. 아픈 거 참으면 병 키우는 거래요. 그러면 주사도 더 큰 거 맞아야 된다요."

조상님 말씀보다도 더 옳고, 더 무서운 민하의 잔소리에 혼쭐이 나고 말았습니다. 맞아, 민하야. 선생님이 무조건 잘못한 게 맞네. 참견도 많고 쓴소리도 많이 하는 민하지만 잘 들어 보면 언제나 맞는 말밖에 없어서 딱히 반박하기도 힘듭니다. 가끔은 선생님에게 이렇게 돌직구를 날리기도 하지만, 마음만은 누구보다 따뜻한 아이라는 걸 알고 있지요. 특별한 날도 아닌데 이렇게 갑작스러운 마음과 위로를 받을 수 있다는 건 선생님이라서 누릴 수 있는 특권입니다.

　잔소리를 많이 하는 사람들은 원래 마음이 따뜻한 존재가 아닐까 하는 생각이 문득 들었습니다. 그 따뜻함을 혼자 품고 지내기엔 너무 뜨거워서 입 밖으로 자꾸 내뱉는 게 아닐까 하고요. 민하의 말대로 저는 병을 키운 게 맞았습니다. 괜한 늑장 때문에 며칠이면 끝났을 치료가 몇 주나 이어지게 됐으니까요. 상처뿐 아니라 내 몸을 아끼고 챙기는 일은 우리에게 무엇보다 중요합니다. 건강을 잃으면 전부를 잃게 된다는 말은 귀가 따갑도록 들어온 말이 아니던가요.

*

　아이들은 어른들과 다르게 아픔을 숨기지 않습니다. 오히려 하루에도 몇 번씩 아픔을 호소하려 저를 부릅니다. '선생님, 여기 간지러워요', '긁어서 빨개졌어요. 좀 봐 주세요', '어지러운 것 같아요' 정말로 몸이 아파 이야기하는 아이들도 있지만 교실에는 마음이 아파 저를 찾아오는 아이들이 더 많습니다. 선생님의 관심을 바라는 마음이 '아프다'는 표현으로 나타날 때가 많거든요.

　학교생활이 신나고 즐거운 아이들은 아픔을 느끼는 일도 드뭅니다. 습관적으로 아픔을 호소하는 아이들을 자세히 보면 교우관계나 학교생활이 불만족스러운 경우가 많아요. 그러니 아프다고 선생님을 찾을 때마다 아이의 마음을 먼저 읽어 주세요. 아이들이 원하는 건 의학적인 치료만이 아닐 거예요. 그보다는 '많이 아프니?', '무슨 일 있니?', '힘들면 좀 쉬어도 괜찮아.' 이런 따뜻한 관심의 말이 더 필요할지도 모릅니다.

그랬던 아이들도 커 가면서 조금씩 아픔을 숨기는 법을 배워 가겠지요. 감정을 숨길 줄 알게 된다는 것은 어른이 되어 간다는 뜻일 테니까요. 그러다가 정작 필요한 순간에는 내색하지 못해 혼자 끙끙대는 날이 올지도 모릅니다. 그런 면에서 저는 아이들이 조금은 부럽습니다. 눈치 보지 않고 아픔을 말할 수 있는 용기가 제일 부럽고요. 제 아픔에 대해 다른 사람의 관심과 위로를 요구하는 당당함도 부럽습니다. 그게 몸이든 마음이든 말이지요. 자기를 챙길 줄 안다는 면에서 아이들은 저보다 더 똑똑합니다.

아이다움을 잃는 순간, 우리는 철이 들었다고 말합니다. 성숙해지는 과정이라고도 하지요. 저도 그 시절을 겪었기 때문에 아픔을 내색하지 않으려는 타인의 마음을 이해하게 되었을 것입니다. 소중한 것들을 배워 가면서, 우리는 그렇게 다른 이들을 보듬으며 함께 살아갑니다. 오늘 아침 민하가 건넨 쪽지 덕분에 저는 어제보다 한 뼘은 더 큰 사람이 된 것 같습니다.

아이들과 현장학습을 가던 날 버스가 덜컹거리는 비포장 도로를 달리게 되었을 때였어요.
"선생님, 언제 도착해요? 너무 울컹울컹해서 힘들어요."
도로가 울퉁불퉁하다는 걸 표현한 걸까요, 덜컹덜컹 흔들리는 버스의 움직임을 표현한 걸까요. 그것도 아니라면 속이 울렁거린다고 말하고 싶었던 걸까요. 어느 쪽이라도 새롭고 귀여운 아이들의 말에 어딘지 싱그러운 느낌이 들었습니다.

선생님의
꿈

새 학기가 되면 자기소개서 꾸미기와 발표를 많이 합니다. 그런 활동을 하면서 빠지지 않고 넣는 항목 중의 하나는 장래 희망일 거예요. 아이들의 장래 희망을 묻고 답하면서 서로의 꿈에 관해 이야기하는 시간에는 어쩐지 기분이 좋아집니다. 지금은 온 힘을 다해 작은 손을 꼼지락거리며 색칠하고 가위질하며 풀을 붙이는 아이들의 얼굴 위로 앞날의 모습을 덧씌워 상상해 보면 저도 모르게 미소 지어질 때가 많습니다.

아이들이 왜 그런 꿈을 갖게 되었는지 듣는 것도 저에게는 하나의 즐거움입니다. 의사나 약사가 되고 싶다고 말하는 아이 중에 부자가 되고 싶어서라는 이유를 가진 아이들은 생각보다 많지 않습니다. 물론 그런 이유가 나쁘다고 말하는 건 아닙니다. 다만 돈을 많이 벌어서 어려운 사람들을 공짜로 치료해 주거나 도와주고 싶다는 따뜻함을 발견할 때, 저로서는 참 반갑기 때문입니다. 돈을 목적이 아닌 수단으로 보는 태도는 어쩌면 우리 어른들이 잊고 살아가는 수준 높은 시민 의식일지도 모릅니다. 제가 초등학교 교실을 좋아하는 이유이기도 하지요. 쉬는 시간에는 귀가 따가울 만큼 친구를 고자질하기도 하고 어떨 때는 서로 못 잡아먹어서 으르렁대기도 하지만, 마음 한구석에는 다들 한 움큼씩의 온기를 품고 있는 것입니다.

그날은 1학년 아이들과 자기소개 작품 만들기를 하면서 장래 희망에 관해 이야기하고 있었습니다.

"선생님은 커서 뭐가 되고 싶으세요?"

생각지도 못하게 훅 들어온 도현이의 질문이었습니다.

"응? 선생님은 벌써 다 컸는데?"

"아, 그게 아니라요, 꿈이 뭐냐고요. 장래 희망이요."

"그러니까, 선생님은 벌써 선생님이 됐는데 또 뭐가 되어야 해?"

아이들의 꿈에 대해 그동안 수없이 물어 왔지만, 정작 저의 꿈에 대해 생각해 본 적은 없었기에 당황스러웠습니다. 사실 제 꿈이 무엇인지 물어 온 아이도 도현이가 처음이었거든요.

"그러면 선생님은 꿈이 없는 거예요?"

눈을 껌뻑이며 대답을 기다리는 도현이를 앞에 두고 바로 할 말을 찾지 못해 난감했습니다. 그렇게 뜸을 들이는 저를 보고 어리둥

절해하던 도현이는 이내 실망한 표정으로 색종이 자르기에 집중했어요.

"선생님, 이거 모양 어떻게 그려요?"

"선생님, 글씨 이렇게 쓰는 거 맞아요?"

꿈에 대한 고민도 잠시, 여기저기서 애타게 선생님을 불러 대는 스물다섯 명의 아이들 뒤로 도현이의 질문은 그대로 휘발해 버렸습니다.

아이들이 돌아간 빈 교실에서 흩어진 색종이 조각을 쓸어 담는데 도현이 자리에서 걸음이 멈추었습니다. 아까 그 질문이 떠올라 한참이나 그 자리를 떠날 수 없습니다.

도현이가 이야기한 꿈은 계획을 말하는 것이 아니었을까요. 나에게 주어진 상황과 형편이 어떻든 나중을 기대할 수 있는 미래의 계획 같은 것 말이에요. 그러니 도현이에게는 오늘을 살아가는 사람이라면 누구나 꿈이 있어야 한다는 믿음이 있었겠지요. 지금 내가 번듯한 직장을 다니거나 높은 사회적 지위를 누리고 있든, 좋은 집이나 비싼 차를 소유하고 있든, 미래의 나를 오롯이 그릴 수 있는 희망적인 청사진 말입니다.

그런 희망을 물어보는 도현이에게 이미 선생님이 되어서 더 이상 될 게 없다는 '어른다운' 대답은 아이가 생각하는 꿈이라는 싹을 댕강 잘라 버린 걸지도 모를 일이었습니다.

아이들에게 희망을 북돋아 주어야 할 선생님이 '꿈이 없는 사람'

으로 비쳤을 걸 생각하니 아차 싶었지요. 실수했다는 생각에 그날은 오후 내내 마음이 불편했습니다. 잃어버렸거나 잊고 있던 저의 꿈에 대해 계속 생각했으니까요. 만반의 준비를 마치고, 다음 날 도현이가 등교하기만을 기다렸습니다.

"도현아, 도현이가 어제 물어본 거 있잖아, 꿈 말이야. 어제 생각해 봤는데 선생님 꿈이 생각났어."

"와, 진짜요? 선생님 꿈이 뭔데요?"

"아이들의 마음을 더 잘 읽을 수 있는 선생님이 되는 거야. 눈만 쳐다봐도 무슨 생각을 하는지 알 수 있게 되는 거지. 그럼 아이들을 더 잘 이해해 주고 가르치는 좋은 선생님이 될 수 있지 않을까? 어때? 멋지지?"

"에이, 선생님, 그건 마법사 아니에요? 다른 사람 마음을 어떻게 읽어요."

도현이의 웃는 얼굴을 보니 그래도 안심되었습니다. 적어도 도현이에게 저는 이제 꿈이 있는 선생님일 테니까요.

도현이의 질문에 대한 제 답이 너무 싱겁다고 느끼셨나요, 아니면 저처럼 이미 직업을 가져서 더 이상 꿀 꿈이 없다고 생각하시나요? 우리 모두 도현이의 질문에 어떤 대답을 할 수 있을지 한번 생각해 보면 좋겠습니다. 우리가 무엇이 되어야 하는지에 정답이라는 건 없습니다. 다만 주변에 또 다른 도현이는 어른들의 꿈에 대해서도 궁금해하고 있을지 모릅니다. 그런 아이들에게 꿈을 들려주는 어른이 되어 주세요. 아이들도 여러분처럼 꿈꿀 수 있게요. 여러분의 숨겨 온 꿈을 듣는 것만으로도 아이들은 분명히 긍정적인 힘을 얻을 거예요. 아직 꿈 이야기를 찾지 못한 아이들이 생각보다 많거든요. 싱겁고 사소한 꿈이라도 괜찮다고 말해 주는 어른이라면 더 좋겠습니다.

꿈이라는 단어는 기대와 희망이라는 의미를 품고 있는 듯합니다. 그걸 물어봐 준 도현이 덕분에, 때로는 실패하고 좌절할지라도 마음속에 원하는 일을 새기고 간직해야 하는 이유를 다시 생각하게 되었습니다. 우리가 어떤 자리에 어떤 아이들과 함께 있든, 희망을 품고 지낼 수 있다면 하루하루 최선을 다해 살아가는 일이 덜 고단할 것입니다.

오늘의 교실 상담소 - 선생님의 고민과 아이들의 솔루션!

Q. 꿈을 아직 정하지 못해서 걱정하는 친구에게는 뭐라고 말해 주면 좋을까요?

저도 아직 꿈이 없어서 고민인데 선생님께서 저에게 이런 말들을 해 주시면 좋을 거 같아요!
"아직 꿈이 없어도 괜찮아. 꼭 이루고 싶은 꿈이 언젠가는 생길 거야."
"네가 잘하는 건 이런 거니까 이런 직업도 어울릴 것 같아!"
"정말로 좋아하면서 행복하게 할 수 있는 일을 찾을 수 있게 선생님도 도와줄 테니까 너무 걱정하지 마."
창의적인 친구에게는 '관심 있거나 좋아하는 걸로 새로운 직업을 한번 만들어 보면 어떨까?'라고 제안해 보세요. '선생님도 예전에는 꿈이 없어서 고민이었는데, 자라면서 점점 하고 싶은 일이 생기기 시작했어'처럼 선생님도 그런 적이 있었다는 걸 공감해 주는 것도 좋을 것 같아요. 아이들은 같은 눈높이에서 자기 말을 들어 주고 인정해 주는 선생님을 좋아하거든요. 제가 알려 드린 방법 말고도 선생님이 생각하는 걸 진심으로 보여 주시면 도움이 될 거예요.

임채린

어른이
된다는 것

한번은 아이들에게 왜 어른이 되고 싶은지 물은 적이 있었습니다. '먹기 싫은 반찬을 억지로 먹지 않아도 되어서'라거나, '망친 시험지에 보호자 확인을 받아 오지 않아도 되어서'라는 대답을 예상하면서요. 하기 싫은 공부를 안 해도 되는 걸 제일 부러워하겠다는 생각도 당연히 했지요.

하지만 찬민이의 대답은 저의 예상을 완전히 빗나갔습니다.

"아이들한테 함부로 화를 낼 수 있어서요."

생각지 못했던 이유라 놀라기도 했지만, 한편으론 마음도 아팠습니다. 찬민이의 말에 맞장구치며 '맞아, 맞아' 하는 친구들이 많아서 더 그랬는지도 모릅니다. 아이들 눈에 어른들이 그렇게 비쳤을 걸 생각하니 얼굴이 화끈거렸습니다. 친구가 잘못한 게 있어도 '화내지 말고 서로 이해하면서 사이좋게 지내'라고 말하면서 정작 아이들에게는 함부로 화내는 어른 중에 제가 있을 것만 같았거든요. 아이들이 왜 그렇게 느끼는지 더 캐묻고 싶었지만, '우리가 말 안 들을 때 선생님도 화 많이 내시잖아요'라는 대답이 돌아올 것만 같아 차마 물어보지 못했습니다.

어른이 되고 싶은 이유가, 갖고 싶은 걸 마음대로 살 수 있기 때문이라는 단순한 것이었으면 차라리 마음이 편했을 거예요. 그런데 아이들 눈에는 그런 것들보다 쉽게 화를 내는 어른들의 모습이 더 크게 닿았다는 사실에 생각이 깊어졌습니다. 특히나 어른들이 '함부로' 화를 낸다는 찬민이의 표현에서는, 선생님으로서 책임감을 느끼지 않을 수 없었지요. 우리는 아이들에게 화를 낼 때 늘 마땅한 이유가 있다고 여기는데, 아이들은 왜 '함부로'라고 느꼈던 걸까요.

TV에서 우연히 듣게 된 어느 정신과 교수님의 문장이 저를 뭉클하게 했습니다. '아이들은 항상 어른을 용서한다'라는 말이었지요. 우리는 교실에서 아이들을 특징지을 때 '어른보다 감정을 조절하는 일에 미숙하다'라고 표현 때가 많아요. 하지만 어른이라고 해서 꼭 아이들보다 감정을 조절하는 일에 능숙하다고 할 수는 없습니다. 겉으로는 그렇게 보일 수도 있겠지요. 하지만 드러나지 않는다는 이유로 어른들이 함부로 감정을 퍼붓는 동안, 오히려 그 화를 오롯이 받아 주는 쪽은 아이들이 아닐까요. 어른들끼리는 온갖 교양과 예의를 입힌 말과 행동으로 체면을 차리면서도, 아이들에게는 그러지 않으니까요.

품위 있게 행동하지 않거나 예의 없게 굴어도 아이들은 어른들을 받아 줄 거란 사실을 우리는 너무도 잘 알고 있습니다. 아이들 앞에서도 교양 있고 품위 있게 행동하는 어른들이 많아진다면, 아이들에게 세상은 더 따뜻한 곳이 될 수 있을 거예요. 아이들이 부모님 다음으로 자주 보는 어른은 선생님입니다. 교실은 아이들이 처음 만나서 사회생활을 시작하는 장소이기도 하고요. 그러니 그 시작은 우리 선생님이 되어야 하지 않을까요?

"선생님, 왜 교장 선생님이랑 얘기할 때는 목소리가 달라지세요?"
"매일 공개수업 했으면 좋겠어요. 선생님이 화도 안 내고 친절하시니까 좋아서요."

이런 말을 듣지 않으려면 아이들에게도 어른에게만큼 친절한 선생님이 되도록 노력해야 합니다. 알면서도 저부터가 쉽지 않아요. 찬민이가 말했던 '함부로 화를 내는 어른'이 되지 않는 길이 결코 쉬운 일이 아니란 걸 매일 느낍니다.

때로는 누군가를 마음 다해 사랑하려는 노력보다 상처를 주지 않으려는 노력이 더 값질 때도 있는 법입니다. 아이들에게 함부로 화내지 않으려는 노력이, 어쩌면 어떻게 칭찬할지 고민하는 일보다 더 필요한 일이 될 수도 있다는 뜻이겠지요.

저는 아이들이 빨리 어른이 되기보다는 지금의 시간을 즐기며 살았으면 하는 마음이 커서, 어른이라 안 좋은 점을 일부러 알려 주려고 준비하고 있었어요. 하지만 허탈하게도, 어른이 되고 싶지 않다고 대답하는 아이들이 더 많았습니다.

"어른이 되면 하기 싫어도 해야 하는 일이 많잖아요."

"어른이 되면 아이들처럼 매일 친구를 만날 수도 없고 마음껏 놀지도 못해요."

"할 일도 더 많아져서 맨날 스트레스를 받을 거고, 직업도 가져야 하고, 돈도 벌어야 하잖아요."

제가 어릴 때는 분명히 어른들의 세계가 멋져 보여서 동경하기도 했던 것 같은데, 어찌 된 일인지 너무 현실적인 이야기를 하는 아이들을 보니 마음이 왠지 속상했습니다.

"어른이 돼도 친구들이랑 놀 수 있어. 주말에 만나면 되지."

"일하는 게 힘들기만 한 건 아니야. 자기가 하고 싶은 일을 직업으로 가진 사람들도 있어. 그런 일을 찾기 위해서 학교에서 진로 수업도 하는 거잖아?"

이제는 반대로 어른이 되면 좋은 점을 이야기하기 시작했습니다. 제 나름대로 열심히 포장해 봤지만, 이미 어른들의 세계를 어둡다고 못 박아 버린 아이들에게 큰 매력으로 다가오지는 않았습니다. 그러면서도 공부는 하기 싫다고 말하는 아이들을 보자면, 저는 어쩔 수 없이 답답한 어른의 자리로 돌아갑니다. 어른이 되어도 공부에 완전히 손 놓고 살게 되는 건 아니라고 굳이 티를 내게 되거든요.

"선생님이 어제 공부하다 보니까…."

"지난번에 책을 읽다 보니까…."

"선생님이 안전 지도에 관한 연수를 들었는데…."

하면서요. 스스로 필요한 공부는 누가 시키지 않아도 오히려 찾아서 하게 되는 거라고, 그 힘을 기르기 위해 지금부터 연습하는 거라고 끊임없이 알려 줍니다. 완전히 청개구리 선생님이 되고 말지요.

어른이 되는 것에 환상이 별로 없는 요즘 아이들은, 어쩌면 아이로 살아가는 현재의 시간에 더 큰 재미와 즐거움을 느끼고 있을지도 모릅니다. 그럼에도 아이들이 어른이 되는 걸 두려워하지 않았으면 하는 건 교사로서 가지는 작은 바람입니다. 비록 기대했던 그림과 달라 나중에 실망하게 되더라도요. 오늘을 즐겁게 사는 아이들을 보는 것도 좋지만, 희망을 그리면서 내일을 기다리는 아이들을 보는 것도 설레는 일이거든요. 그런 아이들이 더 많아지도록 저부터 좋은 어른이 되기 위해 노력해야겠습니다.

눈에 보이지 않지만, 아이들은 마음으로 그리고 있을 거예요. 선생님의 이런 말, 선생님의 저런 행동을 매일 조금씩 가슴에 담고 있을 것입니다. 오늘은 저의 어떤 말과 행동이 아이들의 가슴에 담길지 궁금합니다. 그 느낌을 가슴에 꼭 쥐고 아이들을 만나다 보면 우리는 어느새 더 좋은 어른이 되어 있을 것입니다.

잔반을 없애는
가장 현명한 방법

 교사가 되고 나서 제일 힘들었던 것 중 하나는 뜻밖에도 점심시간이었습니다. 원래부터 먹는 속도가 느린 데다가 어릴 때부터 체하기도 잘했거든요. 그래서 천천히 꼭꼭 씹어 먹는 게 몸에 배어 있다 보니 식사 시간이 남들보다 두 배는 걸리는 편이었습니다. 그런데 학교에서 아이들과 함께 밥을 먹으면서부터는 천천히 먹는다는 게 도무지 불가능한 일이었습니다.

 식판을 채운 아이들을 모두 자리에 앉히고 나면, 그제야 마지막으로 제가 먹을 밥을 받습니다. 그러고 나면 아이들 옆에 자리 잡기가 무섭게 여기저기서 저를 부르는 목소리가 들려옵니다. 국물이 옷에 묻어서, 젓가락을 떨어뜨려서, 오렌지 껍질을 까기가 어려워서, 요구르트의 뚜껑이 안 열려서…. 급식실에서 아이들이 선생님을 부르는 이유는 끝이 없습니다. 휴지를 가져와 닦아 주고, 새 젓가락으로 다시 바꾸어 주고, 오렌지 껍질을 까 주고, 요구르트의 뚜껑까지 열어 주고 나면 겨우 밥을 먹을 수 있습니다. 그렇게 허겁지겁 몇 숟가락 뜨다 보면 아이들 대부분은 이미 식사를 끝마치고 옆 친구와 장난치며 떠들고 있지요. 점점 더 소란스러워지기 전에 줄을 세워 돌아가야 하기에 점심을 제대로 먹지 못하는 날이 다반사였습니다. 급하게 먹다가 체하는 것보다는 차라리 허기진 채 식사를 마무리하는 게 나았으니까요. 빨리 먹는 아이들을 먼저 교실로 올려 보내면 편하겠지만, 요즘은 안전사고가 걱정되어 그것마저 쉽지 않습니다. 선생님의 임장하에 한꺼번에 줄을 서서 이동하는 것이 가장 안전하거든요.

초임 때는 침착한 모습으로 단 몇 분 만에 식사를 끝마치는 선배 선생님들이 제일 존경스러웠습니다. 신속한 식사 속도가 저에게만큼은 초등교사의 필수 덕목으로 여겨졌어요. 애초에 저에겐 불가능한 일이었기에 식사 때마다 쫓기듯 먹는 게 점점 스트레스가 되었습니다. 그래서 과감한 결정을 내렸습니다. 무리하지 말고 먹을 수 있는 만큼만 먹자고 생각을 바꾼 것이지요. 그러다 보니 식판은 늘 잔반으로 넘쳤고 먹는 양보다 버리는 양이 더 많은 날도 있었습니다.

언젠가 점심을 먹고 도란도란 수다를 떨던 중에 아이들이 물어

본 적이 있습니다.

"선생님은 원래 그렇게 적게 드세요?"

매일 산더미 같은 잔반을 아이들도 모를 리 없었습니다.

"응, 선생님은 원래 많이 못 먹어. (선생님은 원래 밥 먹는 데에 시간이 되게 오래 걸려서, 천천히 먹으면 많이 먹을 수 있는데, 그러면 너희가 너무 오래 기다려야 해서 학교에서는 그렇게 할 수가 없어. 그래서 매일 이렇게 많이 남기는 거야.)"

아이들을 납득시키기 위해 구구절절 설명하기가 왠지 멋쩍어 속으로만 생각했습니다. 대신 이런 하소연을 늘어놓았습니다.

"안 그래도 선생님은 배식하시는 분들이 반찬을 너무 많이 주셔서 힘들어. 너희가 보기엔 선생님이 잘 먹게 생겼니? 아무리 그래도 그렇지, 너희랑 키 차이도 별로 안 나는데 양은 거의 두 배를 주시다니. 그러니 당연히 다 못 먹지."

그러잖아도 잔반이 많은 것이 교사로서 모범적이지 않다고 여겼기에 식판을 든 손이 늘 부끄러웠거든요. 마침 그걸 정당화할 변명이 필요했던 참이었습니다. 물론 많이 먹고 힘내라고 넉넉히 주시는 건 당연히 감사한 일입니다. 하지만 지금은 핑계를 찾아야 할 때였어요. 어른이라고 무조건 많이 먹는다고 생각하는 건 편견이라는 무리한 논리까지 내세우며 잔반이 많은 이유에 힘을 보탰습니다. 그런데 투덜거리는 제 얘기를 듣고 있던 이경이가 뜻밖의 말을 했습니다.

"선생님, 그러면요, 음식을 받기 전에 선생님이 먼저 조금만 달라고 얘기하면 되잖아요."

듣고 보니 그랬습니다. 침착하게 말하는 이경이의 조언을 듣고 있던 제 얼굴이 달아올랐습니다. 아주 쉽고도 간단한 방법이 있는데 그걸 시도해 보지도 않고 아이들 앞에서 불평이나 하고 있었으니까요. 그러면서 생각해 보았습니다. 과연 배식받으면서 정말로 말할 기회가 없었는지를요.

사실은 말할 용기가 부족했던 것뿐이었습니다. 고기반찬 앞에서는 '많이 주세요', 나물 반찬 앞에서는 '조금만 주세요' 하던 아이들의 종알거림을 들을 때마다 아이들이 철없다고 생각했습니다. 초등학생 입맛인 저도 치킨은 많이 받고 싶고 버섯볶음은 조금만 받고 싶은 마음이 굴뚝같았지만, 그런 말을 하면 내가 아이들과 뭐가 다를까 싶어 그냥 넘긴 적이 많았습니다. 그러니 당연히 적게 달라고 말할 생각조차 하지 못했지요. 교사로서 아이들에게 어른스러워 보여야 했으니까요. 앞에서는 괜찮은 척, 품위 있게 만족하는 척하느라 정작 할 말을 하지 못하고 애꿎은 사람만 탓했던 겁니다.

아이들에게는 의견이나 불만이 있으면 앞에서 이야기해야지, 그럴 용기도 없으면서 뒤로 이야기하는 건 비겁한 일이라고 가르쳤으면서 정작 저는 그러지 못하고 있었습니다. 어른스러워 보이기 위해 비겁했던 저에게, 이경이는 문제 해결의 열쇠가 바로 제 손안에 있다는 걸 알려 주었습니다.

그때부터 점심시간 배식을 받을 때마다 '조금만 주세요'라는 말은 저의 새로운 단골 멘트가 되었습니다. 이따금 눈이 마주치면 싱긋 웃어 보이는 이경이를 보면서 저도 모르게 입꼬리가 올라갔습니다. 누가 선생님이고 누가 학생인지 헷갈릴 지경입니다. 덕분에 제 식판의 잔반은 확연히 줄어들었습니다. 가끔은 다 먹는 날도 있었고요.

얼마 뒤 환경 사랑 포스터를 그리는 시간이 있었습니다. 이경이는 잔반이 많은 식판과 깨끗이 비운 식판을 나란히 그렸습니다. 꼼꼼하게 색칠하더니 마지막에는 이렇게 적었습니다.

'남길 거면 처음부터 적게 받자'

교실 뒤에 이경이가 그린 그림을 전시하면서 내내 마음이 뜨끔했습니다. '나를 놀리는 건가'라고 생각하기엔 저와 마주치던 이경이의 표정이 너무 해맑았어요. 그러나 도둑이 제 발 저리는 법이니 별수 없었지요. 이경이에게 웃으며 고백했습니다.

"이경아, 선생님 너무 찔린다."

"아니에요, 선생님. 요즘엔 적게 받으시잖아요. 저도 잔반 줄이려고요. 잘 실천해 보고 싶어서 그려 본 거예요. 근데 진짜로 할 수 있을지는 몰라요."

그날은 아이들에게 큰 걸 배웠다고 일기에 적었습니다. 아이든 어른이든, 서로에게 배울 점이 있다는 걸 또 알게 된 날이었거든요. 그렇게 또 한걸음 전진했다고 생각하면 마음이 가벼워집니다. 선생님으로서 그런 아이들을 매일 곁에 둔다는 것도 참 안심되는 일이고요. 이경이의 포스터를 보면서 오늘은 또 배울 점이 없는지 아이들의 말에 귀를 기울입니다.

친구가 될 이유

지호와 윤찬이는 친한 친구 사이였지만 완전히 달랐습니다. 지호는 개구쟁이였지만 윤찬이는 무척 점잖은 아이였거든요. 아무래도 둘 사이의 접점을 찾기 어려웠습니다. 그래서 하루는 조심스럽게 물어봤어요.

"지호야, 너는 윤찬이랑 왜 친한 것 같아?"

제가 보기에는 두 친구의 색깔이 굉장히 다른 것 같은데 친하게 지내는 게 신기했습니다.

"음… 우리 둘이 비슷해서요."

둘이 비슷한 점이 있다고는 한 번도 생각하지 못했기에 몹시 의아했습니다.

"어떤 점이 비슷한데?"

"우리 둘 다 I거든요. 완전히 I예요."

지호가 말한 이유는 뜻밖에도 MBTI 성격 유형이었습니다. 둘 다 내향적이라 서로 잘 맞는다고요. 듣고 보니 무릎을 칠 만한 이유였습니다. 지호를 깊이 모르는 사람은 장난이 심한 지호를 외향적이라고 여길 법도 하지만 사실은 다른 사람의 말에 상처를 굉장히 잘 받는 아이였거든요. 새로운 사람에게 마음 열기를 어려워하기도 했고요. 내면적으로 자신의 감정이 함부로 건드려지면 반항적인 반응으로 나타나곤 했습니다. 또 섬세하게 감정을 다루는 일에 서툴러 장난이 싸움으로 번질 때도 있었지만, 모든 다툼이 항상 조용하고 은밀하게 진행되었던 건 지호가 내향적인 아이였기 때문이었습니다. 그걸 이해하지 못한 사람들은 지호를 두고 '겉으로는 얌전한 척하면서 뒤로 사고 치는 아이'라고 오해하기도 했어요. 완전히 잘못된 판단이었지요.

반면 윤찬이는 전형적인 모범생이었습니다. 겉보기엔 지호와 닮은 점이 하나도 없었어요. 하지만 어쩌다 발표한 게 정답이 아니거나 친구들의 주목을 받을 때면 귀가 새빨개질 정도로 수줍음이 많았습니다. 사람들의 시선이 집중되는 걸 심하게 부담스러워했거든요. 알고 보면 둘 다 강한 내향성의 아이들이었던 거예요. 그걸 서로가 알아보고 친해졌다는 게 신기하게 느껴졌습니다. 대견하다는 생각도 들었지요. 가까이 지낸다는 건 서로 마음을 의지하고 힘이 되어 준다는 말과도 같으니까요.

"와, 그렇네. 너희 둘이 정말로 비슷하네."

"맞죠, 선생님? 근데 사람들이 자꾸 아니라고 해요."

선생님의 동의를 얻고는 만족해하는 지호를 위해 쐐기를 박았습니다.

"아니야, 선생님이 보니까 완! 전! 히! 맞아."

"그렇죠? 역시! 하하하"

그렇게 지호의 말에 공감하며 실컷 웃었습니다. 아이들이 서로 친하게 지내는 이유는 여러 가지일 거예요. 서로 성향이 비슷해서 일 수도, 관심 가거나 좋아하는 분야가 같아서일 수도 있겠지요. 혹은 우리가 모르는 아이들만의 그 무언가일 수도 있습니다. 그러나 지호와 윤찬이에게 서로가 친한 이유를 물어볼 때 조심스러웠던 이유는 조금 다른 데에 있었습니다. 제 어린 시절의 기억이 떠올랐기 때문입니다.

*

어릴 적 살던 동네에는 큰 아파트 단지가 두 개 있었습니다. 공교롭게도 둘은 극명하게 달랐지요. 하나는 방 세 칸짜리 '부자 아파트(어린 시절 아이들의 표현을 빌려)', 나머지는 거실이라 부를 공간도 제대로 없었던 방 두 칸짜리 좁은 아파트였습니다.

좁은 아파트에 살던 저는 부자 아파트에 사는 선화와 가장 친했습니다. 선화네 집에 처음 갔을 때 넓은 거실과 거기에 놓인 소파를 보고 놀랐던 기억이 생생합니다. 어른이 눕고도 자리가 남을 만큼의 큰 소파가 있는 집을 본 건 처음이었거든요. 더구나 선화는 외동이었기에 그 큰 집에 달랑 세 식구가 산다는 것이, 또 자기만의 방이 있다는 사실이 부럽기만 했습니다. 네 식구가 살던 우리 집에 비해 터무니없이 넓었으니까요. 넓이만 달랐을까요. 집을 채우고 있던 모든 것이 좋아 보였습니다.

그런 마음을 일부러 티 내지 않으려 애썼던 것 같습니다. '넌 좋은 집에 살아서 좋겠다'라는 마음을 들켜 버리면, 우리가 서로 다른 세계의 사람임을 인정하게 되는 것 같았지요. 그 말을 입 밖으로 내뱉는 순간 우리는 더 이상 친구가 될 수 없을 것만 같았습니다.

선화와 저는 편지를 자주 주고받았습니다. 매일 보는 사이인데도 무슨 할 말이 그렇게 많았던지, 글쓰기를 좋아했던 우리 둘은 서로의 생각을 글로 나누기를 좋아했습니다. 나중에는 주고받은 편지가 모여 서랍을 가득 채우고도 넘칠 정도였지요. 선화가 가끔 큰 문구센터에서 사 오는 예쁜 편지지는 저에게 큰 기쁨이었습니다. 학교 앞 작은 문방구에서는 볼 수 없는 고급스러운 것이었거든요. 디즈니 만화 그림이 배경이었던 편지지, 화려하지만 촌스럽지 않은 꽃 그림이 가득했던 반투명 편지지의 질감을 지금도 선명히 기억하고 있습니다. 그렇게 좋아하는 저를 보며 특별한 날이면 꼭 예쁜 편지지에 편지를 써 주겠다고 약속하던 선화의 말이 참 포근했습니다.

우리가 친하게 지낼 수 있었던 건 선화의 사려 깊고 착한 마음씨 덕분이었습니다. 선화는 '좁은 집에 살았던' 저를 전혀 다르게 대하지 않았습니다. 그런 우리를 다르게 대했던 건 오히려 선생님이었습니다.

"다른 애들은 전부 다 같은 아파트에 사는 애들끼리 어울려 놀던데, 너희는 어떻게 둘이 단짝이냐? 신기하다. 너희 둘은 사는 수준이 다른데 어떻게 이렇게 친하게 지내냐? 이해가 안 된다."

비록 어렸지만, 선생님의 이야기가 무얼 의미하는지 알고 있었습니다. 따지고 보면 틀린 말도 아니었지요. 그런 선생님에게 선화는 예의를 지키면서도 야무지게 선을 그었습니다.

"선생님, 그런 건 상관없어요. 저희는 그냥 친구예요."

그때의 정확한 감정이 무엇이었는지는 기억나지 않아요. 그저 부끄럽다고만 생각했는지, 억울하다고 느꼈는지, 그것도 아니면 화가 났는지 그런 것은 아무래도 기억이 나지 않습니다. 다만 그렇게 차분히 말하는 선화 옆에서 저는 입을 꾹 다물고 있었다는 것, 선생님의 입에서 나온 그 말과 어투, 공기의 느낌까지도 제 마음에 또렷이 남았다는 건 확실히 알고 있어요. 아닌 척, 괜찮은 척했지만 하나도 괜찮지 않았으니까요.

선화에게 참 고마웠습니다. 예쁜 편지지도, 편견 없이 저를 대해 준 그 마음도, 선생님에게 당당하게 말해 준 용기도 고마웠어요. 때로는 아이들의 현명한 대답이 어른들의 어리석은 질문보다 더 성숙할 때가 있습니다. 우문현답이라는 말처럼요. 선화는 그때 질문했던 선생님보다 분명히 더 어른스러운 아이였습니다. 만약 시간을 여행할 수 있다면 그때의 제 옆에서 이렇게 말해 주고 싶습니다. 애초에 선생님의 질문이 잘못된 거라고, 너희는 너희들의 세계를 그대로 지켜 가라고요.

*

누군가와 친구가 될 이유는 많습니다. 서로 비슷해서 친구가 될 수도 있지만 또 서로 달라서 친구가 될 수도 있지요. 특별한 이유 없이 그냥 마음이 가는 친구도 있습니다. 편견 없이 친구를 만들고 노는 일에는 어른들보다 아이들이 훨씬 선수라는 걸 누구나 잘 압니다. 그러니 누구하고 친하게 지내라, 누구하고는 놀지 마라, 이렇게 선 그어 버리는 어른들과 달리 아이들은 허물없이 어울려 놉니다.

몇 해 전 우리 반이었던 아이 둘은 함께 놀고 싶어도 그러지 못했습니다. 엄마들끼리 사이가 안 좋았거든요. 그 둘은 1년 동안 짝이 될 수도, 같은 모둠이 될 수도 없었습니다. 그 와중에도 두 아이는 함께 놀고 싶어 했고 친해질 기회도 여러 번 있었지만, 엄마 눈치를 보느라 그 마음을 거둬야 했습니다. 어른들의 이기심이 아이들의 친구를 잃게 한 셈이었습니다.

'친구가 어디 걔 하나뿐이냐, 다른 친구랑 놀면 되지.'

이렇게 단순히 생각할 수도 있겠지요. 하지만 아이들은 스스로 친구를 결정할 기회를 놓친 대신, 어른들의 눈치를 볼 기회를 얻었습니다. 어린 시절 선생님의 질문 이후로 선화랑 놀 때마다 눈치를 보게 됐던 제 모습이 떠오릅니다. 그런 걸 생각하면 마음이 어둡고 무거워집니다. 놀고 싶은 친구와 놀 수 없는 교실은 아이들에게 너무 가혹하고 슬픈 일일 테니까요.

그때의 선화는 마치 지호와 윤찬이 같았습니다. 친구가 될 이유를 조목조목 찾는 것은 어쩌면 어른의 일일 수도 있습니다. 아이들은 같은 반찬을 좋아한다는 이유만으로도 친구가 될 수 있으니까요. 문득 지금의 저를 보면 선화가 어떤 말을 할지 궁금해집니다.

학교 통학로 재정비 공사가 한참 동안 계속되었습니다. 드디어 공사가 끝나고 인도에 시각장애인용 보도블록이 모습을 드러낸 날, 등교하던 아이들이 흥분해서 외쳤습니다.

"선생님, 바닥에 옥수수 깔린 거 알았어요?"

무슨 말인지 몰라 헤매는 제게 아이들은 보충 설명까지 더했습니다.

"선생님, 그 노란색 레고 같은 거 있잖아요."

그러고 보니 정말 그렇게 생겼더군요. 노란색 옥수수이기도 했고 노란색 레고이기도 했습니다. 아이들에게는 어디서 그런 재미있는 아이디어가 솟아 나오는 걸까요.

최선의 삶은
춤추는 삶

언제부턴가 초등학교에서 생존 수영 수업이 필수 교육과정이 되었는데 저에게는 적지 않은 부담이었습니다. 아이들을 데리고 하루만 현장 체험학습을 다녀와도 피곤함에 지쳐 쓰러지는 체력인데, 생존 수영은 자그마치 5일간이나 아이들을 인솔해야 했으니까요. 더구나 저는 물과 친한 사람도 아니었기에 더더욱 유쾌하기 힘든 시간이었지요.

작년에도 생존 수영 수업을 위해 학교 근처의 수영장으로 갔습니다. 생존 수영은 짧은 시간 안에 물에 대한 두려움을 없애고 위급 상황 시에 대처법을 다루어야 하기에 진도가 빠를 수밖에 없었습니다. 넉넉한 시간을 할애해 차근차근 배우는 일반 수영 강습과는 다른 수업이었으니까요. 조금이라도 더 많이 가르쳐 주시려는 강사님의 열정이 느껴졌지만, 운동에는 소질이 없던 제게 그 모든 것은 그저 힘들어 보이기만 했습니다.

'윽, 나라면 저런 진도를 절대 따라갈 수 없을 거야.'

제가 학생이 아니라는 사실에 감사하며 속으로 안도의 한숨을 내쉬었습니다. 그래도 저와는 달리 아이들은 생각보다 적응력이 좋았고, 강사님의 피드백을 받으며 수업을 잘 따라가는 듯했습니다. 하지만 어느 수업에나 뒤처지는 학생은 있는 법이지요. 준서와 정윤이는 물에 대한 두려움이 컸기에, 진도에 발맞추기 버거워했습니다.

신나 보이기만 하는 다른 아이들과 달리, 둘은 생존 수영을 가기 전부터 겁이 난다며 걱정이 한가득했습니다. 그러더니 역시나 수영장 물을 많이 마셨고 진도를 따라가는 것도 힘들어 보였습니다. 결국, 두 아이는 얕은 유아용 풀장에서 호흡과 발차기를 따로 연습해야 했지요.

다른 아이들과 분리되어 연습하는 아이들을 보니, 저도 모르게 감정이입이 되어 안쓰러운 마음이 들더군요. 친구들이 모두 보고 있는 상황에서 자존심이 상하지는 않을까, 걱정도 되었습니다. 괜한 노파심에 옆에서 말도 걸어 주고 사진도 찍으면서 아이들을 다독여 주었습니다.

"많이 힘들지? 선생님은 아마 너희만큼도 못 했을 거야. 괜찮아."

이렇게 너스레를 떨면서요. 저를 낮추면서 아이들의 자존심을 세워 주는 저만의 격려법이었습니다. 그러면서 위로가 될까 하는 마음에 이런 말도 보탰습니다.

"얘들아, 이제 이틀밖에 안 남았어. 조금만 더 버티면 돼. 이번 주만 지나면 끝이니까 그때까지만 힘내!"

사실은 제가 더 힘들었습니다. 물속에 들어가면 시원하기라도 할 텐데 한여름 수영장 복도를 그저 왔다 갔다 하며 아이들을 지켜보고 있자니 온몸이 땀으로 끈적거렸습니다. 찜질방이 따로 없었지요. 수영장 도착 시간을 맞추느라 평소보다 더 급하게 점심을 먹어야 했고 학교를 벗어난다는 사실만으로도 흥분한 아이들을 인솔해 버스에 태우고 이동하는 일이 며칠간 이어지자 몸살이 날 지경이었습니다.

준비하는 샤워실에서는 더했습니다. 머리 묶어 주세요, 수모 씌어 주세요, 수경이 바뀌었어요. 수건 잃어버렸어요… 혼이 빠질 만큼 바빴습니다.

그렇게 피로감이 쌓이다 보니 얼른 수영 수업이 끝났으면 좋겠다는 바람밖에 없었습니다. 수업에 뒤처졌던 아이들도 힘들긴 마찬가지일 테니 당연히 저와 같은 마음일 거라 믿었지요. 그런 마음에서 나왔던 응원이었습니다. 그런데 얕은 풀장에서 연습하던 준서와 정윤이는 예상과 달리 씩씩하게 대답했습니다.

"아니에요, 선생님. 저 더 하고 싶어요. 열심히 연습해서 친구들

있는 깊은 물로 가야 하거든요."

"여기는 얕아서 안 무서워요. 그러니까 잘하는 아이들 말고 제가 열심히 하는 모습도 많이 찍어 주세요."

그러면서 손가락으로 브이를 만들어 웃는 여유까지 보였습니다. 그런 아이들의 얼굴에서 친구들과 다른 수준의 풀장에서 연습한다는 부끄러움 같은 건 찾을 수 없었습니다. 대신 열심히 노력해서 친구들처럼 잘하고 싶다는 열정과 의지로 가득했지요. 격려한답시고, 힘든 수업을 대충 때우면서 버티라고 했던 제 말이 부끄럽게 느껴졌습니다.

살다 보면, 더 나은 성장과 발전을 향해 새로운 도전을 받아들여야 한다는 걸 알면서도 막상 기회를 맞닥뜨리면 주춤하게 될 때가 많습니다. 열심히 배우다 보면 그러지 않는 것보다 분명히 더 좋아질 거란 걸 알면서도 굳이 힘들게 애쓸 필요 없다고, 지금 이 상황만 버티면 괜찮다고 스스로 위안하며 지내 왔습니다.

학창 시절을 돌이켜 보면, 저는 잘하지 못한다고 느끼는 순간이 싫어서 새로운 걸 배울 때마다 대충 하고 싶은 마음이 간절했고 늘 포기하고 싶었습니다. 그 마음가짐은 선생님이 되고 나서도 변함이 없었지요. 주로 정적인 활동에만 관심이 있던 저는, 피아노나 서예처럼 스스로 잘할 수 있다고 생각되는 것들에는 따로 학원까지 등록해서 다닐 정도로 열심이었지만, 그렇지 못한 것들은 피해 다니기 바빴습니다. 그래서 수영도, 배구도, 탁구도 배울 기회가 있을 때마다 늘 핑계를 찾곤 했습니다. 하게 되더라도 대충 이 시간만 버티자는 식이었지요. 잘하지 못할 걸 알았기 때문에 열심히 할 마음조차 먹지 않았던 겁니다.

그런 저에 비하면 아이들의 태도는 훨씬 어른스러웠습니다. 더 잘하게 될 거라는 긍정적인 믿음이 있었고, 친구들과 비교하며 자신들의 가능성을 깎아내리지도 않았습니다. 아이들은 그저 최선을 다해 그 시간을 즐기고 있을 뿐이었지요. 그런 아이들을 응원해 주지 못한 이유는 아마도, 제가 눈에 보이는 결과만으로 상황을 판단했기 때문일 겁니다. 얼마 남지 않은 수영 시간을 잘 버텨 보라는 말 대신, 열심히 연습하는 모습이 멋지다는 말을 해 주었다면 얼마나 좋았을까요.

교사로서 배움에 관한 태도를 되돌아보았습니다. 아이들에게 결과보다는 과정이 중요하다고 숱하게 말해 왔으면서, 사실 과정에 제대로 집중하지 않았던 건 아니었을까 하고요. 열심히 하라고 채찍질하면 물에 대한 두려움이 더 생기지는 않을까, 잘하는 아이들에게 밀려 괜히 기가 죽지는 않을까, 친구들에게 놀림 받을까 봐 두려워하고 있는 건 아닐까, 이런저런 걱정으로 애를 태웠던 건 저 혼자만의 착각이었습니다. 잘하지 못하는 상황에 대해 아이들이 피하고 싶을 거라 여겼던 건 그저 제 감정이 이입된 편견일 뿐이었지요.

미국의 저술가 비비안 그린은 "인생은 폭풍우가 지나가기를 기다리는 것이 아니라 빗속에서 춤추는 법을 배우는 것"이라고 했습니다. 우리의 삶은 어차피 결과가 아니라 과정이니까요. 비를 피하지 않고 그 안에서 춤추는 방법을 찾아가는 것, 저는 그날 수영 수업에서 최선을 다하던 아이들에게 그걸 배운 것 같습니다. 바꿀 수 없는 상황을 외면하기보다 우리가 할 수 있는 최선으로 노력하려는 자세 말이지요. 그것이 인생을 대하는 우리의 태도가 아닐까요. 그걸 알려 준 아이들과 함께이기에, 앞으로도 더 열심히, 최선을 다해 하루하루를 채워 갈 수 있을 것 같다는 자신감이 생기는 날이었습니다.

마음의 시계

새 학년이 되고 한 달이 지났을 때도 시윤이는 제게 여전히 한마디도 걸지 않고 있었습니다. 제가 먼저 질문을 하면 '네', '아니오'로 대답하기는 했습니다. 어떨 때는 그보다 조금 더 길게 대답할 때도 있었고요. 하지만 그게 끝이었습니다. 더 이상의 긴 대화는 힘들었지요. 언어능력이 좀 부족한가 하는 생각도 들었지만, 수업 시간에도 그렇고, 국어 성적에는 아무런 문제가 없었습니다. 그래도 쉬는 시간에 한두 명의 친구들과 간간이 대화하는 모습을 보여서 큰 걱정은 하지 않았습니다.

'그래, 원래 말이 많이 없는 아이들도 있으니까, 괜찮아지겠지. 적응하는 데에 시간이 좀 걸리기도 하고.'

그렇게 생각하기로 했지만 다른 한편으로 벽을 허물고 얼른 친해지고 싶은 마음도 컸습니다. 그런 시윤이를 퇴근길에 학교 근처에서 우연히 만났습니다. 큰 도로에서 보이는 골목길 사이로 시윤이가 자주 입던 회색 점퍼에 검은색 가방이 보였습니다. 가방에 매달린 노란색 이름표도 분명히 시윤이의 것이었죠. 반가운 마음에 차를 세우고 시윤이를 큰 소리로 불렀습니다.

"시윤아!"

다행히 제 목소리를 들은 시윤이가 주위를 두리번거렸어요. 그리고 이내 차에서 자신을 부르는 저를 발견했지요. 제가 생각했던 이상적인 시나리오대로라면, 시윤이가 '네, 선생님!' 하며 이쪽으로 반갑게 달려와야 했습니다. 하지만 대답은커녕 시윤이는 그 자리에 얼음이 되어 서 있었습니다. 누군가 이 상황을 목격했다면 저를 이상한 사람으로 보았을 게 틀림없을 거예요. 저는 시윤이가 손이라도 흔들어 주면 반갑게 인사하고는 '내일 보자!' 하고 떠날 심산이었는데 그 모습을 보고 나니 마음이 바뀌었습니다.

제가 기다리고 있으니 이쪽으로 오라고 손짓하자 그제야 시윤이는 천천히 걸음을 옮겼습니다. 학원을 마치고 집으로 돌아가던 길인 듯했습니다. 시윤이가 괜찮다면 잠깐이라도 함께 시간을 보낼 참이었는데, 토끼 눈을 하고 저를 쳐다보는 시윤이는 어딘지 불안해 보였습니다. 제가 꼭 혼내려고 부르기라도 한 것처럼요.

"시윤아, 너 어디 가는 길이야?"

"집…이요."

"이제 학원 다 끝난 거야?"

"네…."

"그럼 이제 더 가야 하는 곳은 없어?"

"네…."

"잘됐다. 시윤아, 혹시 떡볶이 좋아해?"

이 질문에서는 바로 대답이 나오지 않았습니다. 떡볶이를 좋아하는지 싫어하는지가 그렇게 시간을 들여 고민할 만큼 어려운 질문이었던가요. 고심하던 시윤이는 모기만 한 소리로 대답했어요.

"네…."

휴, 다행이었습니다. 시윤이가 아니라고 대답할까 봐 가슴이 조금은 조마조마했거든요.

"좋아, 그럼 됐다. 선생님이랑 떡볶이 먹으러 가자."

엄마에게 전화해서 허락을 구해야 한다는 당부도 잊지 않았지요.

"선생님, 그… 잠깐… 저기 가서 전화 좀 하고 올게요."

무슨 비밀스러운 이야기라도 하려는지, 아니면 뭐가 그렇게도 부끄러운지 엄마한테 떡볶이 먹으러 가도 되냐는 전화도 멀찍이 떨어져서 하는 시윤이었습니다.

예전이나 지금이나 아이들의 마음을 움직이는 힘은 떡볶이라고 믿어 왔고 여전히 그렇게 믿고 있습니다. 심지어 그냥 떡볶이도 아니고 학교 앞 떡볶이면 말 다 했지요. 저도 그 추억을 먹고 어른으로 자랐으니까요. 이런 생각을 하며 기다리는데 다행히 시윤이 어머니께서 허락하신 거 같았습니다. 휴, 두 번째로 다행입니다.

교문 바로 앞 떡볶이집에서 우리는 사이좋게 떡볶이 한 컵씩을 나눠 받고, 내친김에 슬러시까지 샀습니다. 떡볶이를 먹으면서도 저는 계속 질문하고 시윤이는 짤막하게 대답하는, 대화라고 하기엔 어쩐지 제가 추궁하는 것 같은 대화가 이어졌습니다. 학교생활은 어떤지, 친구들이랑 노는 건 괜찮은지, 혹시 수업 시간에 따라오기 힘들지는 않은지. 이런저런 얘기를 하며 떡볶이를 맛있게 먹고 (적어도 제 생각에는요) 헤어졌습니다.

다음 날, 설레는 마음으로 아침에 제출된 시윤이의 세 줄 쓰기 공책을 펼쳤습니다. 원래는 오후에 여유가 있을 때 하는 검사인데 아침부터 확인한다는 걸 시윤이가 눈치채지 못하게 신경 쓰면서요. 시윤이가 혹시나 어제의 일을 썼을지, 만약 그랬다면 뭐라고 썼을지 궁금했습니다.

'집에 가는 길에 선생님을 만났다. 선생님이 떡볶이를 사 주셨다. 맛있었다. 선생님은 참 좋은 분인 것 같다.'

적어도 제가 기대한 내용은 이런 것이었습니다. 떡볶이에 대해 안 썼으면 모를까, 썼다면 당연히 좋은 내용일 거라고요. 하지만 시윤이의 공책에는 이렇게 적혀 있었습니다.

> 집에 가는 길에 선생님을 만났다.
> 선생님이 떡볶이를 사 주셨다.
> 좀 부담스러웠다.

아마 제가 대화를 하고 있었다면 당황해서 말문이 막히지 않았을까요. 예상치 못했던 글 내용에 솔직히 충격을 좀 받았습니다. 허탈한 웃음까지 나더군요. 퇴근 시간까지 늦춰 가며 좋은 시간을 만들어 보려 노력한 것뿐인데, 시윤이가 저를 어렵게 생각하는 거 같아 좀 더 친해지고 싶었을 뿐인데 말이에요.

약간의 불편한 상황에 대한 아이들의 표현은 보통 '싫었다, 불편했다, 짜증이 났다' 정도로 수렴하기 때문에 4학년 아이가 '부담스럽다'는 표현을 썼다는 것에 일단은 놀랐습니다. 아이들이 하교한 오후, 마음을 가다듬고 글을 곱씹어 보았어요. 처음에는 서운하게만 들렸던 시윤이의 표현이, 제 호의를 완곡하게 거절하는 어른의 말처럼 느껴지더군요. 잘 생각해 보면 제가 속상해하고 황당해할 일이 아니더라고요. 시윤이는 자기만의 입장이 있는데 제가 헤아리지 못했던 셈이니까요. 오히려 제가 눈치채지 못했던 부분을 알려 준 시윤이에게 고마워해야 할 판이었지요.

시윤이의 글은 짧지만 강력한 메시지를 전하고 있었어요. 선생님이 조금만 더 천천히 다가와 주었으면 하는 바람을요. 그걸 글로 표현하지 않았다면 저는 계속 시윤이의 마음도 모르고 혼자 만족해했을 거예요. '난 역시 참 따뜻한 선생님이야' 하면서요. 내 기준에서 베푸는 호의를 상대가 무조건 감사하게 받아들여야 한다는 오만함도 의식하지 못한 채로 말입니다. 그렇게 시윤이는 제게 교훈을 던져 주고 있었어요. 아이들의 마음을 제멋대로 생각해 버리는 일을 반복하는 저 자신을 반성했습니다. 오늘 일만 해도 시윤이한테 섭섭해할 게 아니라 오히려 미안해야 할 일이었으니까요.

시윤이는 다른 사람에게 마음을 여는 데까지 시간이 오래 걸리는 아이였어요. 상대와 자신과의 거리를 먼저 가늠한 뒤, 그 사람에 대해 충분히 탐색할 시간을 가지고 어떤 사람인지 파악하면 그제야 마음의 문을 서서히 여는 것이지요. 그런 과정을 위해 시윤이에게는 최소한 몇 달이 필요했습니다. 시간이 필요한 일인데, 그러면 자연스레 해결될 일인데, 그걸 참지 못해 성급하게 굴었던 제 실수였습니다. 저는 시윤이에게 '선생님이 인내심이 부족해서 기다리기 힘드니 네가 마음의 문을 억지로라도 빨리 열어야 해'라는 메시지를 던진 셈이었습니다.

아이들의 마음속엔 저마다의 시계가 있습니다. 흘러가는 속도도 모두 달라서 어떤 아이는 만난 지 단 며칠 만에 '선생님, 사랑해요'라는 말을 거리낌 없이 하기도 하고, 어떤 아이는 몇 달 동안 선생님과 거리를 좁히지 못하기도 합니다. 그걸 두고 이 아이는 성격이 좋고, 저 아이는 그렇지 못하다고 말할 수는 없을 거예요.

사실은 저도 옆 반 미송이가 예상치 못한 시점에 저를 격하게 반겨 주었을 때, 시윤이가 표현한 것과 비슷한 감정을 느꼈던 적이 있거든요.

"선생님, 너무 예뻐요! 사랑해요! 우리 반에 자주 놀러 오세요."

물론 미송이가 생글생글 웃으며 애교 넘치는 얼굴로 얘기했을 때 기분이 나빴다는 뜻은 당연히 아닙니다. 오히려 기쁘고 고마웠지요. 애가 둘이나 있는 아줌마가 어디 가서 '너무 예쁘다'는 칭찬을 그렇게 쉽게 들을 수 있을까요. 다만 우리가 아직 그 정도의 대화를 주고받을 만큼 가까운 사이라고는 생각하지 못했기 때문에, 예고도 없이 훅 들어온 미송이의 마음에 놀란 것뿐이지요. 미송이는 아마도 마음의 시계가 아주 빨리 흘러가는 아이였겠지요. 다행히도 아이들을 오래 만나 오면서 저도 그런 상황에 어느 정도는 대비하고 있습니다. 부담스러운 마음을 표시 내지 않고 기쁘게 웃으면서 대답해 주는 여유를 늘 장착하고 다니니까요.

"미송아, 너도 진짜 예뻐! 고마워!"

남들보다 더디게 흘러가는 시윤이의 시계를 빨리 돌리려고 손을 대는 순간 그 시계는 더 느려지거나, 혹은 고장이 나 버릴지도 모릅니다. 저는 다행히도 시윤이의 시계에 더는 손을 대지 않고 잠시 뒤로 물러나는 법을 배울 수 있었습니다.

어느 교실이든 다른 모습의 시윤이는 얼마든지 있을 겁니다. 그 아이의 시계를 마음대로 건드리지 말고 우리의 시계를 뒤로 돌려 그 속도에 맞추는 법을 익혀 보면 어떨까요. 지금보다 천천히, 더 천천히요. 다음에 또 다른 시윤이를 만난다면 지금보다 더 잘해 내고 싶습니다.

오늘의 교실 상담소 - 선생님의 고민과 아이들의 솔루션!

Q. 사람들 앞에서 낯을 가리고 수줍음이 많은 아이는 어떻게 도와주면 좋을까요?

그 친구에게는 칭찬이 중요할 것 같아요. 그 친구가 관심 있는 것이나 잘하는 일을 할 때 칭찬을 아끼지 마시고 구체적으로 이야기해 주시면 적어도 그 일에는 자신감이 생길 것 같습니다. 그리고 친구들과 대화를 많이 해 보는 게 중요해서 자신의 의견을 많이 말하고 다른 친구들의 의견도 듣다 보면 자신의 의견을 말하는 일이 좀 익숙해질 거예요. 많은 사람 앞에서는 부끄러워해도 모둠 활동처럼 적은 아이들 사이에서는 활발한 친구들도 있거든요. 그래서 그런 기회를 많이 만들어 주시면 좋을 거예요. 마지막으로 부담을 주지 않는 게 도움이 될 것 같습니다. 일부러 그 아이에게 계속 자신감을 가지라고 강요하면 오히려 더 부담스러워할 수도 있으니 충분히 기다려 주시면 좋을 것 같습니다!

권도윤

아픈 건
아픈 거니까요

교실에서 이해되지 않는 미스터리 중 하나는 매일 싸우면서도 매일 붙어서 노는 아이들입니다. 칼로 물 베기라고 하는 부부 싸움 같다고나 할까요. 멀리 지내면 될 걸, 서로가 좋아서 함께 어울려 놀면서도 매일같이 옥신각신하는 아이들이 있었습니다. 개구쟁이 녀석들이었기에 잘 놀다가도 어쩌다 장난이 서로의 선을 넘으면 부딪치곤 하거든요. 막역한 사이였기에 더 그랬습니다. 그래서 놀면서도 항상 서로의 선을 지키라고 지도하는 일이 일상이었지요.

점심을 먹고 쉬는 시간, 갑자기 그 무리 중 하나였던 유찬이가 책상에 엎드려서 울기 시작했습니다. 아이들이 부르는 소리에 다가가니 무척이나 서러워하며 눈물을 쏟고 있더군요. 사정을 들어 보니, 같은 무리의 두 녀석이 바지를 내려 유찬이의 팬티를 보고는 주변의 아이들에게 그 색깔을 말하며 놀렸다는 것이었습니다. 유찬이는 너무 놀라고 속상해서 눈물이 터져 버린 것이고요.

친구의 신체를 함부로 건드리면 폭력이 된다는 것, 상대가 성적 수치심을 느끼면 그 즉시 성폭력이 된다는 걸 평소에도 여러 번 강조해 왔습니다. 그런데 교실에서 이런 일이 생기니 저도 모르게 화가 치밀었습니다.

'아무리 친해도 선은 지켜야 하지 않았냐, 하는 사람이 장난이라도 상대가 재밌지 않으면 그건 폭력이라고 학기 초부터 줄기차게 말해 왔는데 도대체 이게 무슨 짓이냐' 등 저는 다른 두 녀석에게 뿔난 말들을 쏟아내며 소리쳤습니다.

눈치를 보던 두 녀석이 잔뜩 움츠린 채 고개 숙이며 말했습니다. "정말 죄송합니다"라고요. 그래도 화가 누그러들지 않아서 '사과는 선생님이 아니라 유찬이한테 해야 한다, 특히나 이건 학교폭력 중에서도 성폭력 사안이라 선생님은 신고할 의무가 있다, 어떡할 거냐'며 쉴 새 없이 다그쳤습니다. 그제야 상황이 심각하다고 느낀 아이들의 얼굴이 새파랗게 질리더군요.

"진심을 담아서, 유찬이 기분이 풀릴 때까지 똑바로 사과해. 안 그러면 교무실로 갈 줄 알아!"

자기들의 장난이 장난이 아님을 깨닫고 반성하기를 바랐습니다. 아이들이 엎드린 유찬이 옆에 가서 쪼그리고 앉아 사과하기 시작했습니다. 귓속말로 유찬이를 설득하는 듯하다가 손을 모아 싹싹 빌기도 했고, 주변 아이들에게 큰 소리로 공개 사과까지 하더군요. 정말 너무너무 잘못했고 다시는 그러지 않을 거라며 맹세하는 말을 담아서요. 하지만 유찬이는 쉽게 마음을 풀지 못했습니다.

그 모습을 한참 동안 지켜보던 저는 유찬이 곁으로 가서 말했습니다.

"유찬아, 괜찮아지면 선생님한테 알려 줘. 혹시 친구들이 어떻게 사과하면 네 마음이 풀릴지 얘기해 줘도 괜찮아."

그랬더니 유찬이가 엎드린 채 소리 낮추어 저를 부르더군요.

"선생님, 얘네 그냥 자기 자리로 가라고 하면 안 돼요?"

아까 아이들이 유찬이에게 귓속말하던 게 퍼뜩 떠올라서 의심을 가득 품고 물어보았습니다.

"왜? 혹시 선생님 모르게 애들이 너한테 뭐라고 했어?"

(절레절레)

"그럼 애들이 계속 장난으로 사과하는 것 같아서 그래?"

(절레절레)

"아니면 그냥 애들이 옆에 있는 게 불편한 거야?"

(절레절레)

"그럼 왜?"

눈물로 얼룩진 얼굴을 닦으며 유찬이가 말했어요.

"얘네 다리 아프잖아요."

뜻밖의 말을 들은 저는 잔뜩 굳어 있던 마음이 풀어지는 것을 느꼈습니다. 그제야 유찬이 옆에 쪼그려 앉아 있는 두 녀석이 눈에 들어왔지요. 순간 두 아이의 표정도 변하는 게 느껴졌습니다. 친구들의 장난 때문에 속상해 울면서도, 다친 마음 때문에 화가 나 있었어도, 유찬이는 친구들을 걱정하고 있었던 것입니다. 그런 유찬이의 마음 덕분에 뜻밖의 순간에 한 아름의 온기를 가슴에 안았습니다.

오후에 유찬이와 다른 두 아이를 남겨 함께 이야기를 나누었습니다. 두 아이는 진심으로 사과했고 유찬이는 기꺼이 용서했습니다. 장난을 쳤던 두 녀석도 다리 아플까 봐 걱정해 주던 유찬이의 마음 씀씀이에 감동한 눈치였습니다. 아까는 고마웠다고, 속마음을 털어놓더군요. 그 아이들을 보내고는 유찬이를 남겨 따로 물었습니다. 평소엔 안 그러던 네가 많이 울어서 걱정했었다고, 정말 괜찮은 거 맞냐고요. 이제라도 필요한 걸 솔직히 말하면 원하는 대로 조치해 주겠다고요.

"선생님, 아까는 너무 화가 나고 속상했어요. 애들이 잘못을 알았으니 됐어요. 이제 사과도 했으니까 괜찮아요. 앞으로 안 그러겠다고도 했잖아요. 이제 정말 괜찮아요."

친구들의 잘못을 가뿐하게 용서하는 유찬이의 모습이 무척이나 의젓했습니다. 늘 장난기 가득했던 녀석이라 어리다고만 여겼거든요.

"근데 유찬아, 아까는 어떻게 그런 생각을 다 했어? 애들이 밉지도 않던? 잘못한 녀석들 다리 좀 아프면 어때서."

"잘못은 잘못이고, 아픈 건 아픈 거니까요."

많은 생각이 들었습니다. 어디선가 들었던, 죄는 미워하되 사람은 미워하지 말라던 그 유명한 말을 유찬이를 통해 바로 눈앞에서 경험하게 되었지요.

선생님으로서 지금까지 아이들을 어떻게 대했는지 되돌아보았습니다. 잘못을 반복하여 저를 힘들게 하는 아이를 보면서, 그 아이를 향한 미움을 막는 것이 저한테는 늘 어려운 숙제였거든요. 잘못하는 모습을 보면 항상 그 아이에게 감정이 먼저 실렸던 건 아니었을까, 잘못된 행동에 초점을 맞추지 않고 오히려 그 아이를 미워하는 마음을 앞세웠던 건 아니었을까 곰곰이 생각했습니다. 결국 상대를 진심으로 용서할 수 있는 용기는, 죄를 미워할 뿐 사람을 미워하지 않는 마음에서 비롯된다는 걸 깨달았습니다.

아이들끼리 다투는 문제가 실제로 심각할 때도 있지만, 그렇지 않을 때가 많습니다. 속사정을 조금만 들여다보면, 학부모님의 '감히 내 아이를 우습게 보고 건드려? 어디 한번 당해 봐라' 하는 보복 심리로 시작되는 경우도 많거든요. 가해자 쪽이 '뭐 이 정도 일로 신고까지 하느냐' 하는 대수롭지 않은 태도를 보이면, 피해자 쪽은 '진심으로 사과하지 않는다'라는 생각에 기분이 언짢아집니다. 갈등 끝에 정작 아이들은 괜찮아졌음에도 보호자 간의 자존심 싸움으로 번져 일이 커지는 경우를 자주 보게 됩니다.

그런 어른들의 싸움을 보며 아이들은 무슨 생각을 할까요? 조금이라도 내게 해를 끼친 사람의 잘못은 쉽게 넘어가서는 안 된다는 것, 설령 내 잘못이라 하더라도 함부로 굽히면 손해라는 논리를 배우지 않을까요. 아이들이 학교에서 배워야 할 건 '진심을 담아 사과하는 마음'과 또 '진심으로 사과를 받아 줄 용기'인데 말입니다. 어른들이 그런 모습을 보여 주지 못한 채 고래가 되어 싸우는 동안 등이 터져 버리는 새우는 바로 우리 아이들입니다.

잘못한 친구들이 힘들까 오히려 걱정했던 유찬이의 말을 곱씹으면서 생각해 봅니다. 저를 깨우치는 건 언제나 아이들이라는 걸, 제가 가르치려 했던 많은 것들의 답은 결국 아이들에게 있다는 걸 말입니다.

오늘의 교실 상담소 - 선생님의 고민과 아이들의 솔루션!

Q. 혼자만 잘하려고 하고 다른 친구들은 잘 도와주지 않는 친구에게 어떻게 말해 주면 좋을까요?

잘 도와주지 않는 친구에게, 혼자만 하려고 하면 자기가 나중에 도움이 필요할 때 친구들도 자기를 도와주지 않는다고 말해 주세요. 다른 사람의 입장이 되어서 생각해 볼 수 있게 잘 이야기해 주시면 좋을 것 같아요. 틀리더라도 최선을 다해 도와주면 자기도 도움이 필요할 때 친구들도 열심히 도와줄 거라고 이야기해 주세요. 그러면 그 친구도 열심히 도와줄걸요? 저도 도움이 필요한 친구들을 열심히 도와주고 있거든요! 그리고 다른 친구들을 도와주면서 설명을 잘해 줄 수 있기도 해요. 저도 친구들 많이 도와주다 보니까 설명도 더 잘하게 되고 발표도 잘하게 됐어요. 다른 친구를 도와주는 일이 손해 보는 게 아니라 결국 자기한테도 도움이 된다는 걸 잘 알려 주세요.

손나은

그럴 수 있지

'사람은 반드시 경험한 만큼만 느끼는 법이다'라는 말의 힘을 실감한 적이 많습니다. 언제부턴가 이 말을 좋아하는 걸 넘어 거의 신봉하는 수준이 되었거든요. 아이를 낳기 전에는 SNS에 부지런히 아기 사진을 올리는 부모님을 이해하지 못했습니다. 자녀가 세상의 중심인 양 별것 아닌 일에도 크게 반응하는 부모님을 보며 고개를 갸웃거리기도 했지요. 하지만 엄마가 된 지금의 제 모습은 그때의 선배 부모님을 그대로 닮았습니다.

제가 이해하지 못하던 타인의 전철을 저도 모르는 사이 그대로 밟고 있다는 걸 느낄수록, 사람은 경험한 만큼만 느낀다는 말을 가볍게 대할 수 없었습니다. 직접 겪어 보지 못한 일에 대해 쉽게 판단하지 않는 법을 비로소 배우게 된 것이지요. 멀리서 바라보면 당장 이해되지 않을 일이라도 정작 겪어 보면 나에게 어떻게 다가올지 모른다는 두려움도 생겼습니다.

아무리 멋진 풍경도 누군가에게는 그저 지루한 장면일 뿐이고, 아무리 고급스러운 요리도 누군가에게는 입에 맞지 않는 음식이라는 걸 예전에는 잘 이해하지 못했습니다. 경험한 만큼만 느낀다는 말의 힘을 깨닫게 된 이후부터 세상의 중심이 나라는 생각에서 벗어날 수 있었습니다.

되돌아보니 자기가 그렇게 생각하고 경험했다고 해서 다른 사람도 똑같을 거란 착각은 위험한 발상이었습니다. 특히 아이들과 함께 지내는 교사에게 여러 사람의 다른 상황을 받아들이고 존중하는 자세는 꼭 필요하니까요.

저는 풍족하지 못한 어린 시절을 보냈지만, 그때의 경험 덕분에 어려운 형편의 아이들이 어떨지 누구보다 잘 이해하고 공감합니다. 그리고 선생님으로서 할 수 있는 최선을 다해 도우려 노력하지요. 그 도움이란 게 꼭 경제적인 도움을 의미하진 않습니다. 때로는 '선생님이 너의 상황을 이해하고 진심으로 응원하고 있다'는 따뜻한 말 한마디, 어깨를 두드려 주는 손길 한 번이 마음을 움직이는 법이니까요.

이 글을 읽고 있는 여러분도 앞으로 겪게 될 모든 순간을 겁먹지 말고 즐겼으면 좋겠습니다. 그 경험이 비단 희망이나 기쁨으로 가득 찬 긍정적인 경험이 아니더라도요. 여러 일을 겪으며 인생의 다양한 장면을 경험한 선생님의 교실과 일반적이고 한정된 경험만 한 선생님의 교실을 두고 '거기서 거기'라 말할 수는 없을 것입니다. 아이들에게 더 의미 있고, 때로는 더 흥미로운 이야기를 들려주기 위해 교사는 늘 배우고 성장하는 일을 멈추지 말아야 합니다. 다양한 경험을 한 선생님은 이야기의 실타래가 두툼해서 아이들에게 어떤 식으로든 좋은 영향을 줄 가능성이 클 것입니다.

*

독특한 말버릇을 가진 규현이라는 아이가 있었습니다. 툭툭 내던지듯 무심하게 말하는 게 그 아이의 습관이었습니다. 그런 규현이가 자주 했던 말이 있습니다.
"그럴 수 있지."
친구가 실수로 규현이의 물건을 망가뜨렸을 때도 '그럴 수 있지' 하며 대수롭지 않게 넘겼고, 교과서 페이지를 잘못 알려 주거나 맞힌 문제를 틀렸다고 잘못 채점했던 저에게도 '그럴 수 있죠, 선생님' 했습니다. 성격이 엄청 다정한 아이도 아니었습니다. 변성기가 되어 짧고 굵은 목소리, 감정도 거의 실리지 않은 건조한 말투였지요. 그야말로 쿨한 아이였습니다. 그런데 저는 이상하게도 규현이의 그 말이 너무 좋았습니다. 언젠가 혼잣말로 연습해 보기까지 했으니까요.

"그럴 수 있지. 그럴 수도 있어"

저는 규현이의 이 문장이, 정말로 많은 뜻을 담고 있다고 생각했습니다. 선생님으로서의 삶은 해마다 수없이 다양한 아이들과 부모님을 만나는 일의 연속이니까요. 어떨 때는 제가 가진 상식만으로 이해하기 어려운 아이들도 있고, 또 그런 부모님도 만나게 됩니다. 그럴 때마다 규현이의 말을 떠올리는 게 힘이 되곤 했습니다. 그럴 수도 있다고 생각하니 화낼 일도 줄어들었습니다.

내 사고의 깊이를 내가 경험한 세계 안에만 가두는 것이 아니라, 아직 겪어 보지 않은 일에 대해, 혹은 이해하기 어려운 상대의 상황에 대해 그럴 수도 있다고 받아들이는 유연함을 규현이의 말에서 배웠습니다. 내가 겪은 일에 대해서는 모든 걸 꿰뚫고 있는 양 으스대는 자만심도 버릴 수 있었지요.

초보 교사였던 저에게, 선생님이 애를 안 낳아 봐서 그렇다고 했던 학부모님의 말도 이제는 화내지 않고 들을 수 있는 여유가 생겼습니다. 그럴 수도 있으니까요. 또 반대로 아이를 낳거나 길러 본 경험이 없는 선생님이라도 아이 엄마인 저보다 아이들의 세계를 더 잘 이해할지도 모른다고 생각합니다. 정말로 그럴 수도 있지요. 세상에 절대나 무조건이라는 건 잘 없거든요.

선생님이 자신의 부족한 경험을 인정하고 다른 사람의 세계를 이해하려 할 때 아이들이 살아갈 교실은 더 따뜻한 곳이 될 거라고 믿습니다. 아이들의 말은 언제나 저를 성장하게 해 줍니다. 오늘도 규현이의 말을 천천히 되뇌어 봅니다.

"그럴 수 있지. 그럴 수도 있어."

오늘의 교실 상담소 - 선생님의 고민과 아이들의 솔루션!

Q. 자기 자리 주변 정리가 잘되지 않는 친구는 어떻게 도와주면 정리를 잘하게 될까요?

사실 제가 정리를 하는 게 어렵거든요. 바로 화를 내는 거보다는 먼저 쉬는 시간에 주의를 한번 주고 청소하게 하시면 어때요? 그래도 가끔 말을 안 듣는 아이들은 왜 자리를 정리해야 하는지, 안 하면 어떤 불편함이 있는지 이유를 자세히 설명해 주세요. 그리고 깨끗한 자리와 지저분한 자리 사진을 찍어서 비교해서 한번 보여 주시면 어때요? 그러면 왜 깨끗한 게 좋은지 알게 될 거예요. 마지막으로 청소를 게임처럼 재미있게 바꾸어 보여 주는 것도 좋을 것 같아요.

박아현

2부

우리는 아직 부족하고, 그럴수록 한 뼘 더 자란다

"아이들 앞에서 실수하거나 잘못했을 때 사과하는 걸
부끄럽게 여기지 마세요. 선생님이 진심으로 다가갈 때
아이들도 선생님의 마음을 느낄 테니까요."

사과하는 용기

승진이는 엉뚱하고 웃긴 이야기로 다른 친구들의 관심 끌기를 좋아하는 아이였습니다. 영어 전담을 맡고 있을 때 담임이 아니었는데도 잘 알 정도였으니 튀는 아이인 건 틀림없는 사실이었지요. 저는 그런 승진이의 행동을 회피하곤 했습니다. 말이나 질문에 일일이 대꾸하려 들면 수업에 방해되는 일이 많아서 웬만한 장난은 못 들은 척 넘어가는 전략이었습니다.

그런 승진이와 수업하면서 잊지 못할 사건이 하나 있었습니다. TV 화면에 그림을 띄워 놓고 그림 속에 숨어 있는 낱말을 한 명씩 돌아가면서 찾는 활동을 하던 중이었어요. 순조롭게 수업이 흘러가던 중 승진이의 차례가 되었을 때 갑자기 이런 말이 들려왔습니다.

"퍼-크."

f로 시작하는 욕이었습니다. 사춘기가 시작될 무렵의 아이들은 원래 욕 같은 건 가르치지 않아도 빨리 배우는 법이거든요. 승진이도 5학년이었으므로 그런 것들에 관심을 가질 만한 나이였습니다. 당황스럽긴 했지만, 어디서 들었는지 모를 욕들을 아이들이 장난 삼아 쓰는 걸 종종 봐 왔던 터라 처음에는 크게 동요하지 않았어요. 일부러 관심을 주지 않으려고 최대한 무덤덤하게 말했습니다.

"승진아, 그 말 어디서 배웠니? 그거 나쁜 말이야. 원어민 선생님이 들으시면 굉장히 기분 나빠 하실 욕이니까 앞으로 쓰지 말자. 화면 보고 얼른 낱말 찾아서 읽어 보자."

그렇게 좋은 말로 타이르고 있자니 승진이의 장난이 달갑지 않았던 몇몇 친구들도 불편함을 드러내기 시작했어요.

"쟤는 교실에서도 장난쳐서 혼나고 왔으면서 영어실에 와서도 욕하네."

"선생님, 승진이 관심받고 싶어서 일부러 저러는 거예요. 그냥 무시하세요."

아이들도 계속되는 승진이의 장난에 이골이 났는지 여기저기서 불만이 터져 나왔습니다. 그런데 승진이가 같은 욕을 또 내뱉는 게 아닌가요. 전보다 조금 작아진 목소리로 말이지요.

"퍼…크…."

"승진아, 뭐라고 했니? 좀 더 큰 소리로 말해 줄래?"

저는 짐짓 못 들은 척하며 물었습니다.

"퍼…크… 퍼…크…."

좋은 말로 타이르기도 했고, 잘못을 바로잡을 기회까지 줬다고 생각했는데 결국 승진이는 선을 넘고 말았습니다. 머리끝까지 화가 난 저는 폭발하고 말았습니다.

"나쁜 말이니까 하지 말라고 하는 소리 안 들려, 응? 이런 식으로 수업할 거면 너희 교실로 가!"

고함치는 저에게 겁을 먹었는지 늘 장난치며 까불던 승진이의 고개가 힘없이 바닥으로 떨어졌습니다. 약간 흐느끼는 것 같기도 했고요.

'아니, 자기가 먼저 장난쳐 놓고 갑자기 울기는 왜 울어? 이 정도 혼날 것도 예상 못 한 거야? 그러니까 장난도 적당히 해야지… 그래도 내가 좀 심했나? 아니야. 아무리 영어라도 욕은 욕이야. 다시는 그러지 못하게 따끔하게 버릇을 고쳐 줘야 해.'

승진이의 눈물에 마음이 살짝 약해지긴 했지만, 그래도 잘못된 건 바로잡아야 한다고 생각하며 흥분한 감정을 속으로 진정시키고 있던 참이었습니다. 그때 이런 말이 들려왔습니다.

"선생님, 승진이가 park(공원)라고 말한 것 같은데요."

아차 싶어서 다시 보니, 그림 속 수많은 낱말 중에 버젓이 park가 있었습니다. 영어가 익숙지 않았던 승진이의 발음을 제가 완벽하게 오해한 것이었습니다.

그 순간 등줄기에는 식은땀이 맺혔고 민망함에 얼굴은 불난 것처럼 화끈거렸습니다. 엉망이 된 수업 분위기 속에서 저는 승진이에게 너무나도 미안한 마음이 들어 어찌할 바를 몰랐지요. 살면서 그렇게까지 미안하다고 느낀 적도 없었을 정도였습니다.

아이들은 이 상황이 웃기면서도, 흐느끼는 승진이 눈치를 보느라 어떻게 반응해야 할지 난감해하고 있었지요. 저는 쥐구멍에라도 숨고 싶었지만, 무엇보다 먼저 사과하기로 마음먹었습니다.

"승진아, 정말 미안해. 선생님이 오해하는 바람에 너한테 화내고 소리까지 질렀어. 진심으로 사과할게."

수업 분위기를 얼음장으로 만들었던 저 때문에 상처받았을 반 아이들에게도 사과했습니다.

"얘들아, 선생님이 승진이한테 너무 큰 실수를 했어. 선생님의 오해로 이 소란을 일으키게 됐으니 너희 반 모두에게도 사과해야 할 것 같아. 정말 미안해."

몇몇 아이들이 야유를 보내기도 했지만 저는 반응하지 않았습니다. 아니 반응할 수 없었습니다. 입이 열 개라도 할 말이 없는 처지였으니까요. 흔들리는 정신을 겨우 붙잡고 한참을 승진이 곁에서 사과했습니다. 승진이의 다친 마음을 달래 주려 진심으로 노력했습니다. 당황스러웠던 탓에 그 이후로 승진이가 진정되었는지, 수업은 어떻게 흘러갔는지 잘 기억나지 않습니다.

확실한 건, 그날 이후 승진이가 저를 대하는 태도가 완전히 달라졌다는 것입니다. 급식실이나 복도에서 만나면 전과 달리 예의 바르게 인사하고, 수업 시간에도 쓸데없는 말장난을 하지 않았습니다. 제 진심이 닿았던 걸까요. 장난기만 가득하던 승진이의 눈빛이 전보다 한결 부드러워진 걸 느낄 수 있었습니다.

물론 승진이가 저에게 마음을 직접 표현한 적은 한 번도 없었어요. 하지만 저는 분명히 알 수 있었습니다. 자기 잘못을 인정하고 사과한 선생님을 보면서 승진이는 자신이 존중받는다고 느꼈을 거라고요. 사실 선생님이 실수해 놓고 자존심 때문에 되레 아이 탓을 하는 경우도 많이 있으니까요.

'아니, 처음부터 네가 발음을 똑바로 했어야지.'
'그러게, 공원을 말한 거라고 진작 얘기했으면 됐잖아.'

이런 식으로 핑계를 찾으며 자기의 입장을 합리화하는 것 말이에요. 그것도 아니라면 별일 아닌 척하고 넘겼을 수도 있었겠지요. 돌이켜 보면 그때 그런 식으로 넘어가지 않았던 게 천만다행이었습니다. 승진이가 진심으로 사과한 저를 받아들이고 마음을 열었다는 걸 느꼈을 때 제 기쁨은 하늘까지 닿는 듯했습니다.

사과하는 입과 잘못을 인정하는 양심은 절대 부끄러운 것이 아니라는 걸 반 아이들도 배운 것 같아 다행이었습니다. 그날 순간의 민망함에 매몰되어 진심으로 사과하지 않고 얼버무렸다면, 승진이에게 그 영어 시간은 평생의 상처로 남았을지도 모를 일입니다.

사람들은 길에서 넘어지면 돌을 탓하고, 돌이 없으면 언덕을, 언덕이 없으면 자기 구두를 탓한다고 합니다. 좀처럼 자기 자신만의 잘못은 인정하지 않는 어른들이 너무 많은 세상이니까요. 사고가 나면 아랫사람에게 책임을 전가하려는 관리자들이 매번 뉴스를 장식합니다. 기업은 제품의 결함을 쉽게 인정하지 않고 어떻게든 소비자에게 책임을 떠넘기려 하지요. 교통사고가 나면 나의 실수를 인정하기보다는 상대방의 잘못을 찾아내고 어떻게든 그것을 부풀리기에 바쁩니다. 그런 우리의 태도는 결국 부메랑이 되어 우리에게 돌아올 수밖에 없을 거예요.

항상 자기만 옳다고 생각하는 건 겸손함이 부족하기 때문이라는데, 아이들과 함께 살아가는 우리가 꼭 경계해야 할 태도 아닐까요? 나는 항상 옳기만 하고 다른 사람이 언제나 잘못되어 있다고 생각하는 어른에게 아이들이 과연 무엇을 제대로 배울 수 있을까요. 선생님도 언제든지 틀릴 수 있고, 실수했을 때는 인정하고 사과하면 된다는 걸 교실에서 배우지 못한다면 아이들은 바르게 자랄 수 없을 것입니다.

사과는 용기 있는 사람만이 할 수 있는 거라고 자주 얘기합니다. 먼저 사과하는 어른의 모습을 보여 주는 것이야말로 진짜 교육일 테지요. 그러니 아이들 앞에서 실수하거나 잘못했을 때 사과하는 걸 부끄럽게 여기지 마세요. 선생님이 진심으로 다가갈 때 아이들도 선생님의 마음을 느낄 테니까요.

오늘의 교실 상담소 - 선생님의 고민과 아이들의 솔루션!

Q. 친구들이 욕을 하지 않고 바른 말을 쓰도록 하려면 어떻게 해야 할까요?

제 생각에 어떤 아이들은 욕을 하는 게 멋져 보인다고 생각하는 경우도 있는 것 같아요. 그런 아이들은 무작정 혼내기보다 '그런 말을 자꾸 하다 보면 생각도 점점 험해지고, 듣는 사람도 기분이 나쁠 수 있다'라고 이유를 얘기해 주시면 좋을 거 같아요. 왜냐면 무작정 혼내기만 하면 무서운 선생님으로 친구들에게 인식이 될 거예요. 그러면 선생님 앞에서만 욕을 안 하고 자기들끼리 있을 때는 다시 할걸요. 같이 노는 친구들이 욕을 쓰는 걸 보고 장난으로 따라 하는 애들도 있어요. 그럴 때는 욕을 왜 쓰면 안 되는지 전체 학급 회의를 한번 해 보시면 어때요? 아이들이 스스로 규칙을 정하면 아마도 더 노력할 거예요. 그렇게 해도 안 고쳐지고 선을 넘으면 그때는 오히려 엄하게 혼내시는 게 좋아요. 그러면 친구들도 바른 말을 쓸 거예요.

박준서

선생님처럼 하면
안 되는 체육 시간

앞구르기 수업을 위해 체육 창고에서 매트를 꺼내 옮기고 있을 때였습니다. 슬그머니 제 옆으로 다가온 보람이가 흔들리는 눈빛을 보내며 속삭이기 시작했습니다. 보람이는 며칠 전 전학을 온 아이였어요.

"선생님, 있잖아요, 제가요, 전에 학교에서 앞구르기 한 적 있었는데요, 그때 애들이 좀 웃고 남자애들은 막 놀리고 그래서요, 그때 제가 좀 울었거든요. 그래서요…"

보람이는 '저 안 하면 안 돼요?'라는 말을 온몸으로 하고 있었습니다.

"보람아, 괜찮으니까 너무 걱정 안 해도 돼. 나중에 해 보고 싶어지면 언제든지 말해 줘."

새파랗게 질려 긴장한 보람이를 보니 동병상련의 마음이 들었습니다. 저도 어릴 적 체육과는 담을 쌓고 지내 온 아이였거든요.

초등학교 교사에게도 전공과목이 따로 있지요. 교대에서 심화 과정이라는 이름으로 더 깊이 있게 배우는 과목이 그것입니다. 심화 과정에 자신감과 전문성을 지니고 있다고 여기는 선생님도 많으실 테고, 또 반대로 누구에게나 피하고만 싶은 과목도 있겠지요. 제 심화 과정은 영어입니다. 제일 좋아하기도 하고 자신 있게 가르칠 수 있는 과목이니까요. 하지만 가장 자신 없는 과목은 체육입니다. 어릴 때부터 운동과는 거리가 멀어 체육 시간마다 늘 움츠러들었거든요.

초등학교에는 체육 전담 교사가 따로 있어서 담임 교사가 체육을 지도하는 일이 거의 없는 편이긴 합니다. 하지만 학교 여건에 따라 담임 교사가 체육 과목을 가르치는 경우가 생기기도 하지요.

선생님이 '잘하는 과목'과 '잘 가르칠 수 있는 과목'이 늘 일치하는 건 아닐 거예요. 그럼에도 잘하는 과목을 가르칠 때는 기본적인 자신감이 장착된다고 여깁니다. 체육을 못하는 선생님이 자신 있게 체육 수업에 임하기는 힘들듯이요.

그렇다면 아이들은 저와 함께 한 영어 수업을 더 많이 기억할까요, 체육 수업을 더 많이 기억할까요? 한 해가 지났을 때, 발음을 한껏 굴리며 자신 있게 진행했던 제 영어 수업을 기억하는 아이는 거의 없었습니다. 대신 아이들은 후들거리는 다리로 간신히 평균대 위를 걸어가던 제 모습을 가장 기억에 남는 장면으로 꼽았습니다. 선생님 다리 떨리는 것 좀 보라며 깔깔대던 개구쟁이들의 웃음소리도 즐겁고, 평균대에서 떨어지는 거 아니냐며 한목소리로 응원해 주던 아이들의 함성도 반가웠습니다. 함께 웃었던 기억 덕분에 두고두고 잊지 못할 수업이 된 것이지요.

"친구들은 선생님처럼 이렇게 하면 안 돼요."

저의 체육 수업은 늘 이렇게 시작되곤 했습니다.

"평균대에서는 선생님처럼 이렇게 아래를 보면 안 돼요. 평균대 끝에 시선을 고정하고 정면을 보면서 걸어야 안전해요."

당연히 저는 아래를 보고 걷습니다. 시선을 정면에 둘 용기 따위는 없으니까요. 후들거리는 다리로 걷고 있는 저를 보고 아이들은 키득대기 시작합니다.

"선생님, 힘내세요! 얼마 안 남았어요! 할 수 있어요!"

분명히 시범을 보이는 중인데 응원하는 아이들의 소리가 더 즐거워 보일 때도 있습니다. 때로는 용기를 주는 마음 따뜻한 아이들의 격려를 받기도 하고요.

"뜀틀 위에서는 선생님처럼 이렇게 앞에 손을 짚으면 안 돼요. 그러면 손목을 다치기 쉬워요. 그래서 선생님이 잘 못 넘은 거예요. 뒤쪽 3분의 2 지점에 손을 짚어야 안전해요."

이론은 교과서 못지않게 완벽하지만, 뒤쪽에 손을 짚어 넘는 동

작은 머리로만 이해될 뿐입니다. 단계가 높은 뜀틀에서는 손을 멀리 뻗을 용기가 없어 꿈도 못 꿀 일이거든요.

"뒤구르기는 자신감이 가장 중요해요. 선생님처럼 겁먹으면 절대 못 굴러요. 자신감을 가지고 재빠르게 다리를 가슴 쪽으로 끌어붙여야 돌 수 있어요."

역시나 이론과 현실의 큰 온도 차를 느낍니다. 앞구르기도 엉뚱한 방향으로 굴러가는 처지에 뒤구르기는 목이 꺾일까 봐 겁이 나서 시도조차 하지 못하니까요. 심각하게 운동 신경이 없던 저는 교대에서도 F 학점만 아니면 된다는 생각으로 체육 시간을 버텼거든요.

그래도 '선생님처럼 하면 안 돼요' 화법 덕분에 아이들과 참 많이 웃을 수 있었습니다. 덕분에 아이들의 질문도 달라졌어요. '선생님, 이건 어떻게 하면 돼요?'가 아니라 '이건 어떻게 안 하면 돼요?'로 말이지요. 말은 부메랑과 같아서 뱉은 대로 돌아온다더니 정말로 그랬습니다. 어설픈 시범에 적응한 아이들이 나름대로 잘하는 방법을 터득해 가는 걸 지켜보고 있으니 점점 자신이 생겼습니다. 속으로는 청출어람을 되새기기도 했고요. 아이들의 질문을 들으면서 새로이 느끼게 되었어요. 잘하는 방법을 찾으려는 노력도 좋지만, 실패하지 않는 방법을 터득하는 것도 좋은 공부라는 것을요.

하루는 체육부장님이 지나가며 한마디 하신 적도 있었어요.

"거 잘하는 애들 불러서 시범 보이면 될 걸, 왜 그러고 있어? 보기 안쓰러워 죽겠네."

걱정으로 하신 말씀이란 걸 알기에 당연히 감사했지만 개의치 않았습니다. 체육에 관해서라면 스스로 가진 기대치가 몹시도 낮았기에 상할 자존심도 없었거든요. 엉터리 시범을 하는 선생님이지만 아이들이 기꺼이 반겨 주니 부끄러워할 이유도 없습니다. 저의 형편없는 시범을 감상하던 아이들은 너도나도 한번 해 보겠다고 자신만만입니다. 최소한 선생님보다는 잘할 수 있다는 확신이 생겼기 때문이겠지요. 이보다 더 확실하고 긍정적인 동기 부여는 없을 거라며 스스로 위안 삼으면 기분이 좋아집니다.

'선생님도 못하는데 나도 꼭 성공할 필요는 없어.'

'실패해도 우리 선생님이 있으니 덜 부끄러울 것 같아.'

이런 생각 때문인지, 체육에 자신 없어 하던 몇몇 아이들이 선뜻 참여하게 된 건 예상하지 못한 성과였습니다. 이는 제가 미흡한 실력으로도 꿋꿋하게 시범을 이어 나가는 이유이기도 합니다.

활동성이 많은 초등학생의 특성 때문에 모든 아이가 체육을 좋아한다고 생각하기 쉽지만 사실 꼭 그렇지만은 않습니다. 몸이 둔한 아이들은 신체 활동에 꽁무니를 빼며 주저하는 일도 많습니다. 머리나 배가 아프다며 습관적으로 구경만 하려는 아이들도 있고요. 핑계라고만 여기기에는, 정신적인 부담이 신체적인 증상으로 나타나는 아이들도 분명히 있습니다. 그런 아이들의 부담을 덜어 주고 의욕을 세워 줄 수도 있다는 생각에 가끔은 뿌듯하기도 합니다.

"괜찮아, 이거 원래 어려운 거야. 선생님 시범 봤지? 잘하는 친구들 보고 기죽을 필요 절대 없어. (속삭이며) 쟤들이 이상한 거고 원래는 이게 정상이야. 알았지? 걱정할 거 하나도 없어. 한번 해 보는 게 제일 중요한 거야."

아이들에게 해 주었던 숱한 응원과 격려는 어린 시절의 저에게 들려주고 싶은 이야기이기도 했습니다. 그렇게 말하면서 다 커 버린 지금의 저에게라도 괜찮다는 위로를 건네곤 합니다. 웃음거리가 될 걱정을 하지 않아도 된다고, 한번 도전해 보는 것만으로도 충분히 용기 있고 의미 있는 일이라고, 잘하지 못해도 괜찮다고. 만약 제가 어렸을 때 제게 이렇게 말해 주는 누군가가 있었다면 저는 부실한 몸을 덜 자책하지 않았을까요. 그리고 끝이 보이지 않는 깜깜한 터널만큼이나 길게 느껴졌던 체육 시간이 덜 외로웠을지도 모릅니다.

"선생님, 진짜 실패해도 괜찮은 거 맞죠? 정말이죠?"

실패한다고 해서 누가 혼내는 것도 아닌데, 몇 번이고 되묻는 아이들의 심정을 누구보다 잘 알고 있습니다. 그래서 도전을 주저하던 아이들이 몇 번이고 되물을 때, 저는 속으로 누구보다 기뻐합니다. 선생님의 서툶이 아이들에게는 격려가 될 수도 있다는 걸 경험하는 순간이니까요. 아마 무엇이든지 잘하는 선생님들은 느낄 수 없는 기쁨이 아닐까요? 이런 순간에는 세상이 꼭 불공평하지만은 않다는 생각도 해 봅니다.

포기는 짧고 속 시원합니다. 걱정과 두려움을 쉽게 외면하게 부추기기도 하고요. 비단 체육만이 아니라 모든 배움의 순간에서, 어쩌면 실력이 부족한 아이에겐 힘든 도전을 하는 것보다 일찌감치 포기해 버리는 게 더 마음 편한 수단일 수도 있습니다. 아이들의 도전에는 해야 할 이유보다 하지 않아도 될, 혹은 하면 안 될 이유가 늘 더 크니까요.

'잘하지 못하면 부끄러워서, 남들과 비교되는 게 싫어서, 어차피 못 할 걸 알아서.' 이런 이유지요. 하지만 그 두려움을 떨쳐 내고 한 번 해 보려 애쓴다는 것은 포기하지 않고 해야 할 이유를 찾았다는 뜻이기도 합니다. 그런 경험이야말로 아이가 학교에서 배워야 할 중요한 공부 중 하나입니다.

체육은 제가 여전히 싫어하고 가장 자신 없는 과목이라는 사실에 변함이 없습니다. 하지만 더 이상 피하지는 않으려 합니다. 저를 보고 자신감을 얻는 아이들을 보면서 느낀 점이 있거든요. 선생님이 모든 걸 잘 해낼 필요는 없다는 것, 선생님의 부족함이 아이들에게 용기와 즐거움을 주기도 한다는 것입니다.

"선생님이랑 체육 수업하면 뭔가 재미있어요."

"선생님이 못해서 너무 웃겨요."

"잘하지 않아도 되니까 걱정이 안 돼요."

그래, 그거면 되었다. 너희들이 즐거우면 선생님의 목표는 완전히 성공이야. 아이들이 좋다는데, 더 바랄 게 있나요?

그날 친구들이 앞구르기 연습하는 걸 멀찌감치 지켜보던 보람이가 이렇게 말했습니다.

"선생님, 그냥 저도 한번 해 볼래요. 잘 안 되면 선생님처럼 옆으로 굴러도 괜찮죠?"

역시나 저의 하찮은 몸뚱이가 보람이에게도 응원으로 닿았던 모양이었습니다. 교육이란 알지 못하는 걸 가르치는 것이 아니라, 왜 알아야만 하는지를 삶으로 보이는 행위입니다. 더딘 걸음이라도 한 걸음, 한 걸음 앞으로 나아가는 아이들의 하루에 박수를 보내 주는 그런 어른이 되어 보는 건 어떨까요?

만약 여러분이 잘하지 못하는 무언가가 있다면, 그 무언가를 대하는 심정으로 아이들을 바라봐 주세요. 그러면 부족한 아이들이 정말 필요로 하는 게 뭔지 눈에 보일 거예요. 무책임한 말처럼 들릴지도 모르지만, 잘하는 아이들은 그냥 놔둬도 잘합니다. 도움이 필요한 아이들의 마음을 읽으려는 노력이 우리를 더 나은 어른으로 이끕니다.

선생님이 완벽한 시범을 보이기보다 아이들이 즐기는 수업을 만드는 것, 잘하지 못하더라도 도전하는 일을 두려워하지 않도록 아이들에게 자신감을 심어 주는 것이야말로 진짜 가치 있는 교육인지도 모르겠습니다.

오늘의 교실 상담소 - 선생님의 고민과 아이들의 솔루션!

Q. 선생님이 무언가를 시키거나 같이 하자고 할 때마다 '전 못 해요, 어려워요'라고 두려워하는 친구를 어떻게 도와줄 수 있을까요?

'선생님이 도와줄게'라고 말해 보세요. 그래도 못 한다고 하면 '포기하지 말고 계속 시도해 봐'라고 말해 보세요. 그래도 또 못 한다고 하면 '선생님이 도와줄게'라고 다시 말해 보세요. 아무리 못 한다고 계속 말해도, 선생님도 언제까지나 도와줄 거라고 설득하는 거예요. 아무리 부족해도 자기를 계속 도와줄 사람이 있다는 걸 알면 그 아이도 언젠가는 하게 될 거예요. 그리고 뭐든지 다 잘하는 사람은 없다고 이야기해 주세요. 할 수 있다고 칭찬도 많이 해 주세요. 지금까지 못 한다고 혼나기만 해서 자꾸 못 한다고 말하는 걸 수도 있잖아요. 조금만 잘해도 칭찬을 많이 해 주시면 자신감을 얻어서 할 수도 있어요.

박상은

등딱지에 숨은
거북이

　준영이는 한부모 가정의 아이였습니다. 어릴 때 엄마가 집을 떠나시고 아빠랑 단둘이 살고 있었지요. 준영이의 아버지는 조금이라도 부당하다 싶으면 교육청과 구청으로 민원 전화를 넣기로 동네에서도 유명한 분이었어요. 그런 준영이가 우리 반이 된 걸 알았을 때 힘든 한 해가 되겠구나 싶었습니다. 그러나 막상 뚜껑을 열고 보니 아버지보다 더 힘든 쪽은 준영이었습니다. 학교에 오면 아무것도 하지 않았거든요. 무기력이 아이의 온몸을 감싸고 있었습니다. 결석도 잦았지만 등교하고 나서는 대부분 시간을 책상에 엎드려 있곤 했지요. 모든 일에 무기력하고 관심이 없다 보니 학습도 당연히 뒤처진 상태였습니다. 제가 할 수 있는 일이라고는 아이를 깨워 바른 자세로 앉히는 것뿐이었어요. 깨워 놓으면 눕고, 깨워 놓으면 눕는 일의 반복이었습니다.

그런 준영이의 친구는 고양이였습니다. 온 팔이 고양이가 할퀸 상처로 가득했지만 고양이 얘기를 할 때가 준영이의 행복한 얼굴을 볼 수 있는 거의 유일한 시간이었습니다. 친구들과 소통이 힘들었고 선생님이 하는 말에도 겨우 대답만 하던 준영이에게 고양이는 가족이고 버팀목이었지요. 그 희미한 웃음이라도 자꾸 보고 싶어서 저는 하릴없이 고양이 이야기만 계속 꺼냈습니다.

2교시가 시작될 무렵이면 준영이는 어김없이 배가 아프다고 칭얼댔습니다. 보건실에 가도 특별한 약은 없었습니다. 책상에 엎드려 있는 게 일상이다 보니 학교가 재미있을 리 없었겠지요. 그런 준영이가 관심을 받고 싶어서 습관적으로 배가 아프다고 하는 줄 알았습니다. 나중에 알고 보니 아픈 게 아니라 배가 고팠던 거였습니다. 제때 끼니를 챙기지 못해 늘 힘이 없었고, 수업에도 집중하기 힘들었던 거지요.

준영이의 무기력한 태도는 아주 어릴 때부터 쌓여 온 것 같았습니다. 그중에서도 제일 걱정되는 점은 4학년인데도 아직 한글을 모른다는 것이었습니다. 글을 읽고 쓰는 것이 되지 않으니 수업에 참여하기가 힘든 게 당연했지요. 보다 못해 준영이 아버님께 연락을 드렸습니다. 난독 프로그램을 신청해 보면 준영이가 학습을 어려워하는 원인을 찾고 해결할 수 있을 거라고요. 하지만 아이가 특별한 관심을 받는 게 싫다는 이유로 거절하셨습니다. 여러 선생님을 찾아가 상의하기도 했지만 뾰족한 방법은 없어 보였습니다.

가정에서 어릴 때부터 소외되어 온 준영이는 그렇게 아무것도 하지 않는 아이가 되었던 겁니다. 물먹은 종잇장처럼 늘 축 처져 있기만 했지요. 무엇부터 풀어 가야 할지 몰랐지만 일단 한글부터 알아야 하는 건 분명해 보였습니다. 그래서 오후에 함께 공부하기로 했습니다. 무기력의 늪에서 준영이를 어떻게든 끌어내고 싶었습니다.

"준영아, 선생님이 너한테 하고 싶은 말이야. 한글을 배우고 나면 읽을 수 있을 거야. 그러니까 우리 같이 공부하자."

자기한테 뭐라고 썼을지 궁금하게 하면 글자를 배우고 싶은 마음이 조금은 생기지 않을까 싶어 짧게 끄적여 보았습니다.

'준영아, 사랑해. 메롱.'

그렇게 장난스레 쓴 글자들을 준영이는 곧바로 소리 내어 읽었습니다. 그것도 아주 또박또박 말이지요. 평소에는 대답도 겨우겨우 하는 준영이였기에 잠시 제 눈과 귀를 의심했습니다. 준영이 아버님도, 작년 담임 선생님도, 친구들도 분명히 모두가 글을 모른다고 했는데, 난독이 의심될 정도로 한글을 습득하지 못하는 아이라고 했는데…. 놀란 마음을 티 내면 안 될 것 같았지만, 진심으로 기쁘고 반가워서 환호하고 말았습니다.

"그럼 이것도 읽어 볼래?"

내친김에 내밀어 본 국어책마저 준영이는 술술 읽어 냈습니다.

사실 준영이는 한글을 읽을 수 있었던 겁니다. 지금까지 그걸 숨기고 지내 왔다는 게 이해되지도, 믿기지도 않았습니다.

"준영이가 한글을 읽을 수 있었다니, 정말 너무 반갑다. 사람들이 알면 모두 깜짝 놀랄 거야. 준영이는 책 읽는 목소리 누구한테 들려주고 싶어?"

준영이는 한참을 뜸 들이다가 말했습니다.

"아빠…요."

관심받지 못했어도, 사랑받지 못했어도 아이에게 가장 소중한 사람은 가족이었습니다. 들뜬 마음으로 준영이 아버님께 연락드렸습니다. 하지만 돌아온 대답은 언제나처럼 실망스러웠습니다. 믿지도 않으셨고 놀라지도 않으셨거든요. 그래도 이따 준영이가 집에 가면 꼭 확인해 보시라는 당부를 하며 통화를 마쳤습니다.

"준영아, 어제 아빠한테 칭찬 많이 받았어?"

"아니요."

"그럼 아빠가 아무 말씀 안 하셨어?"

"혼자 읽은 거 맞냐고…."

"그리고 또?"

"끝이에요…."

그날따라 준영이가 더 외로워 보였습니다. 준영이는 유일한 가족인 아빠에게조차 인정받지 못했습니다. 뭘 해도 관심 가져 주는 사람이 없고, 칭찬 같은 걸 해 주는 사람도 없었습니다. 그런 준영이에게 장래 희망을 물었던 적이 있었습니다. 천천히 눈을 굴리던 준영이는 기어들어 가는 소리로 이렇게 말했습니다.

"편의점이요."

'편의점'이 꿈인 아이는 처음이었습니다. 지금껏 아이들에게 들어 왔던 숱한 꿈 중에 가장 소박한 일 같았습니다.

"왜 편의점에서 일하고 싶어?"

"거기는… 좋은 게 많잖아요."

집 근처에 있는 편의점이 준영이에게는 최고로 멋진 세상이었습니다. 맛있는 음식, 좋은 물건들이 넘쳐 나는 세상이지만 준영이의 세계는 그렇게 작았습니다.

글을 읽을 수 있다는 걸 알게 된 이상 어떻게든 준영이를 수업에 참여시키고 싶었습니다. 더 이상 무기력이 준영이를 잠식하도록 내버려 두고 싶지 않았거든요. 쉽진 않았습니다.

"준영아, 안 엎드리고 앉아 줘서 고마워."

종일 누워 있기만 했던 예전을 생각하면 허리 펴고 앉아 있는 것만으로도 감사할 일이었지요. 준영이에게 여전히 수업은 버거웠지만 그래도 할 수 있는 건 해 볼 수 있게 격려했습니다.

그러던 어느 과학 시간, 나뭇잎의 잎맥을 관찰하여 기록할 때였습니다. 아이들에게 어떻게 해야 할지 설명하고는 둘러보기 위해 준영이에게 다가갔습니다. 당연히 준영이가 혼자 하지 못할 거란 생각에 큰 윤곽만이라도 그려 주려던 참이었습니다. 준영이의 연필을 대신 잡으려는 찰나, 작은 소리가 들렸습니다.

"혼자 할 수 있는데…."

준영이의 입에서 나온 그 말이, 봄볕에 무심코 발견한 그해 첫 꽃망울 같았습니다. 아무것도 하지 않으려던 준영이가 스스로 하려는 마음을 먹었다는 것만으로도 대단한 기적이었습니다. 답답한 등딱지에 숨어 온 힘으로 세상을 밀어내던 거북이가 고개를 내민 순간이었으니까요. 준영이의 작은 걸음에 말로 표현하기 힘든 감정이 들었습니다.

매해 교실에서 무기력한 아이들을 만나곤 합니다. 정말 아무것도 하지 않으려는 아이들이요. 이런 아이들은 어떨 때는 관심을 요구하거나 말썽을 부리는 아이들보다 저를 더 힘들게 하기도 합니다. 그런 아이들을 볼 때마다 준영이가 떠오릅니다. 모든 걸 다 놓아 버린 그 마음을 생각하면 가슴이 먹먹해지거든요. 얼마나 아팠으면, 얼마나 상처받았으면, 그렇게 숨어 버렸을지, 그런 걸 생각하면 아이가 한없이 가엾게 보였습니다.

그 아이들이 하루아침에 그렇게 된 건 절대로 아닐 겁니다. 준영이처럼 능력을 인정받지 못해서 그런 경우도 있을 테고, 그저 학습 능력이 부족해서인 경우도 있을 겁니다. 수업 시간에 눈뜨고 있어 봤자 무슨 소린지 하나도 모르겠고, 내가 모르는 걸 다른 친구들이 아는 건 더 싫고, 그래서 결국 아무것도 하지 않으려는 아이가 되는 것이지요.

선생님은 부모가 아니라서 그 아이들의 환경까지 어떻게 할 수는 없습니다. 그런 무기력한 아이들에게 선생님이 할 수 있는 최선의 도움은 바로 믿어 주고 격려해 주는 일일 것입니다. 선생님은 그래도 너를 믿고 있다는 말, 도움이 필요하면 언제든지 알려 달라는 당부, 그 아이를 바라보는 따뜻한 눈빛, 어깨를 토닥이는 다정한 손길이 바로 선생님의 격려가 될 수 있겠지요. 격려는 있는 그대로 인정하는 것, 그 사람 모습 그대로를 안아 주는 것이니까요.

준영이에게 정말 필요한 건 격려였습니다. 준영이는 저에게 더 이상 엎드려 있는 아이, 글씨를 읽지 못하는 아이가 아니었습니다. 대신 혼자서도 할 수 있는 아이가 되었지요. 아이의 입에서 혼자 할 수 있다는 말이 나왔을 때 저는 격려의 힘을 보았습니다. 준영이의 나지막한 한 마디가 자꾸만 귓가를 맴돌았습니다.

'혼자 할 수 있는데…'

나뭇잎을 그리던 그 과학 시간을 떠올릴 때마다 아이들에게 건네는 격려의 힘이 점점 더 크게 다가옵니다.

오늘의 교실 상담소 - 선생님의 고민과 아이들의 솔루션!

Q. 아무것도 하지 않으려고 하는 무기력한 아이는 어떻게 하면 의욕을 가지고 수업에 참여하게 될까요?

그런 친구는 피곤하시겠지만 선생님이 옆에서 관심을 가지고 많이 신경 써 주셔야 해요. 뭐든지 안 하려고 하는 애가 있으면 모둠 활동 같은 걸 할 때 아이들끼리 서로 싸움도 일어나기 쉽거든요. 같은 모둠이 되기 싫을 수도 있고요. 다른 친구들은 열심히 하려고 하는데 혼자 안 하면 나머지 친구들도 기분이 좋지 않으니까요. 과제물은 천천히 하나씩 해결하게 도와주시고, 그 친구의 의견을 자주자주 물어봐 주시면 집중하는 데 도움이 될 거예요. 그리고 하기 싫은 이유를 물어봐 주시고 해야 하는 이유 또한 계속 말씀해 주시면 좋을 거 같아요. 뭐든지 하기 싫어하는 아이들은 왜 해야 하는지 이유를 찾지 못해서 안 하려는 경우도 많거든요. 최대한 그 친구가 수업에 흥미를 느낄 수 있도록 좋아하는 캐릭터를 사용하거나, 수업 중에 설명할 일이 있을 때 그 친구의 이름을 자주 예시로 드는 것도 좋을 것 같아요!

안은세

부장 선생님의
편지

신규 교사로 발령받은 지 한 달도 안 되었을 때입니다. 당시 근무했던 학교는 전교생이 50명도 채 되지 않는 작은 학교였는데 전교생이 1박 2일로 가는 현장 체험학습에서 남매 두 명만 가지 못하고 남게 된 모양이었습니다. 사정을 알아보다 두 아이가 현장 체험학습비를 낼 여력이 안 돼서 참여하지 못한다는 얘기를 전해 듣게 되었습니다. 학교에 지원책이 전혀 없는지 의아한 생각이 들어 행정실에 문의했습니다.

"형편이 어려운 학생들을 위해 현장 체험학습비를 학교에서 지원하는 예산이 따로 없나요?"

교육청에서 예산을 편성해 주지는 않고 학교에서 자체적으로 계획하고 집행한다는 원론적인 답변만 들을 수 있었습니다. 그때만 해도 학교 급식마저 모두 유상이던 시절이라 지금과는 시스템이 많이 달랐습니다.

여전히 고개가 갸우뚱해지는 상황이었지만 더 깊이 고민하지는 못하고 시간만 흐른 채, 어느새 현장 체험학습 날이 하루 앞으로 다가왔습니다. 전날 저녁을 먹는데 문득 체험학습을 가지 못하는 아이들이 생각나서 마음에 걸렸습니다.

'다른 것도 아니고 돈이 없어서 못 간다는 건 아무리 생각해도 말이 안 돼. 돈이 문제라면 내가 대신 내 주면 되잖아?'

초임이라 많지 않은 월급이었지만, 눈 딱 감고 좋은 일 한번 하기로 했습니다. 두 명 치의 체험학습비는 당시 저에게 꽤 큰 금액이었거든요.

'우리 반 아이도 아닌데 내가 너무 오버하는 건가? 아니야, 그래도 이왕 가는 거 같이 가면 좋지. 난 역시 마음이 따뜻해.'

스스로 대견하게 여기며 담당 부장 선생님께 전화를 걸었습니다.

"부장님, 내일 체험학습이요, 그 아이들도 같이 데리고 가면 안 될까요? 제가 대신 돈 낼게요!"

"네? … 선생님, 죄송하지만 그렇게는 안 될 것 같습니다. 늦었는데 내일 학교에서 이야기해요."

부장 선생님의 경직된 목소리에서 뭔가 크게 실수했다는 느낌이 밀려왔습니다. 하지만 이미 엎질러진 물이었지요. 황당해하시던 부장 선생님의 목소리가 지금도 기억에 생생합니다.

다음 날 긴장한 채 출근한 저를 기다리고 있던 건, 뜻밖에도 부장 선생님의 편지였습니다. 어젯밤 저의 질문에 짧게 답하기가 어려워 손수 써 왔다고 하시면서요. 대충 봐도 쓰기에 제법 시간이 걸렸을 정도로 빼곡했습니다.

*

손지은 선생님께,

요즘 날씨가 더운데 새로 옮긴 집에서 잠이 잘 올지 모르겠네요. 특히 어젯밤에는 괜히 나한테 전화해서 미안한 마음에 더욱 마음이 편치 않아 잠을 설치지 않았길 바라요.

낯선 사람들과 낯선 환경에서 교직의 처음을 시작해 많이 힘들고 어수선하고 그렇지요? 저도 초임에는 교무실에 가도 늘 쭈뼛쭈뼛하고 저 선생님들과 과연 친해질 수 있을까 하면서 혼자 학교 잘못 발령받았다고 속으로 투덜대곤 했답니다. 하지만 시간이 지나면서 괜한 저만의 착각이었다는 걸 알게 되었지요.

어제 선생님 전화를 받고 조금 당황하기도 했지만 정말 순수하고 아이들 사랑하는 마음이 보통이 아니구나 하는 생각이 들었습니다. 초임 교사라면 구체적인 목표나 교육관은 없더라도 이 정도는 해야지 하는 생각이 있었는데 어제 선생님 전화를 받고 기본이 되어 있는 분이라는 느낌을 받았습니다.

사실 저도 이 일로 교감 선생님, 교장 선생님, 행정실장님, 학부모님, 아이들과 여러 번 이야기하고 아이들을 데리고 가는 방향으로 하려고 했답니다. 아이의 눈에 자기만 가지 않고 친구들과 선생님만 여행하는 모습이 얼마나 부럽고 가슴 아픈 일로 비칠까요? 어쩌면 부모님을 원망할 수도 있고 그런 상황에 대한 평생의 가슴 아픈 추억으로 자리 잡을 수도 있겠지요.

그런데 이런 상황을 조금 다각적으로 보아야 한다는 걸 선배 선생님들의 조언을 들으면서 알게 되었습니다. 우리 학교는 정말 많은 수의 학생이 기초 생활 수급자로 지정되어 있을 만큼 여건이 좋지 못해요. 이렇다 보니 다른 학교에서는 생각도 할 수 없는 영어, 수학, 미술 같은 방과후학교 수업 일체와 우유 등 대부분 것들이 전교생에게 무상으로 제공되고 있습니다. 그래서 학부모님 중 으레 학교에서 하는 것들은 모두 공짜, 버티면 다 해 준다는 식의 사고를 하시는 분도 계시지요.

이런 생각은 은연중에 아이들에게 습득되어 경제적 타율성을 갖게 되는 문제로 종종 이어지곤 해요. 방과후학교 수업은 공짜라서 마음대로 결석하거나, 배움의 자세에서 적극성을 잃고 시간이나 때우자는 마음으로 앉아 있거나, 굳이 내가 열심히 하지 않아도 누군가 도와주겠지 하는 생각을 하게 되는 것입니다.

이런 일련의 상황들이 반복되다 보니 교감, 교장 선생님께서도 올해부터는 무조건 도와준다는 인식을 불식시키고 아이들과 학부모님에게 건전한 자립심을 심어 줄 필요가 있다는 방향으로 생각을 바꾸셨습니다. 저 또한 학부모님과 통화를 하면서 그냥 학교에서 데리고 가면 바로 해결될 일 아니냐는 식으로 밀어붙이실 때는 할 말이 없었습니다.

이러한 상황 자체도 하나의 교육 주제가 될 수 있고 그것에 대한 교육적 처리는 저의 몫입니다. 체험학습을 가지 못하는 아이에게 상처를 주지 않으면서 또 하나의 교육적 효과를 거둘 수 있는 방법을 찾아야 하는 것이지요.

살다 보면 피치 못할 사정으로 누군가를 두고 가야 할 때도, 반대로 내가 참여하지 못하는 경우도 많이 있을 텐데 그럴 때마다 모두가 함께할 수는 없을 거예요. 이럴 때 친구들을 두고 가는 학생들에게 함께 가지 못하는 친구들을 배려하는 가르침, 즉 친구를 놀려서는 안 되고, 너무 즐거워하는 대신 안타까워할 수 있어야 한다는 것을 알려 주는 것이지요. 또 함께 가지 못하는 아이들에게는 앞으로 이런 일이 생길 때마다 자괴감에 빠지거나 실망할 것이 아니라, 현실을 받아들이고 현명하게 대처하며 자립심을 기를 수 있도록 지도하면 그 자체가 교육이 된다고 생각합니다. 제가 평생 아이들과 함께할 수는 없으니까요.

경력이 쌓이면서 겉으로는 단순해 보이지만 파고들면 눈으로 보이는 해결책이 다는 아닌 것 같다는 생각을 자주 하게 됩니다.

한 번의 지원으로 문제가 말끔하게 해결된다면 얼마나 좋을까요? 늘 지나다니는 길 앞에 불쌍한 사람이 있으면 몇 번은 도와줄 수 있지만, 도움받는 일이 당연하게 느껴질 때는 이게 과연 바른 행동일까 하는 의문이 드는 것처럼요. (좀 비약적일 수도 있겠지만) 더군다나 같이 어려운 형편에 있는 어떤 친구들은 돈을 내고 가는데 비슷한 형편의 특정 아이들만 도와주는 것은 형평성에도 어긋날 수 있고, 다른 학부모님과 아이들에게 오해를 사는 문제를 낳을 수도 있답니다.

이번 일은 저 나름대로 오래 고심하고 판단하여 내린 어려운 결정입니다. 모든 걸 떠나서 그 아이들만 지원해서 데리고 가기에는 교육적 여건이나 상황을 보았을 때 옳지 않다고 느꼈기 때문입니다.

이야기가 너무 길어졌네요. 선생님과 그냥 잠깐 스치고 지나갈 인연이라면 간단히 대답하고 모르는 척 넘어갔을 거예요. 하지만 신규 선생님에게 조금이나마 선배로서 자세하게 설명해 주고 이런저런 이야기도 해 주는 게 맞겠다 싶어서 점수 깎이는 일이겠지만 말주변이 약해 이렇게 글로 대신합니다.

선생님은 정말 훌륭한 교사가 될 것이란 생각이 들어 저도 아무것도 모르지만 이렇게 주제넘게 몇 자 적어 보았습니다. 선생님의 호의 너무나 고맙고, 아이들을 사랑하는 교사로서, 있는 동안 늘 변치 마시길 바랍니다. 바위처럼 ^^

강용운 올림

＊

　이렇게나 오래 고민하고 내린 부장 선생님의 결정을, 그전에는 한 치도 이해하지 못했습니다. 한참이나 어린 후배의 무례함을 선의로 받아 주신 아량과 멋모르는 초임 교사가 민망해할까 봐 이렇게나 자세히 설명해 주신 정성에 저는 정말 놀랐습니다. 읽을 때마다 그때의 감동이 떠오르고, 마음이 뭉클해지거든요. 십 년도 훨씬 넘는 시간이 흐르는 동안 편지를 서랍 한 편에 고이 간직하고 있는 이유는 연차가 쌓이고 초심을 잃었을 때 언제라도 다시 보기 위해서였습니다.

　지금이라면 좀 더 예의를 갖추고 여쭤봤을 텐데, 아이들을 도울 방법이 없겠느냐고 완곡하게 표현했을 텐데, 당시에는 사회생활을 배우는 과정이니 너무 자책하지 말자고 스스로 토닥거린 날도 많았습니다.

　저는 아이들을 따뜻하게 품어 주고 싶었습니다. 그 마음이 오해받아 누군가는 버릇없다고, 또 누군가는 황당하다고 가볍게 넘길 수도 있었을 테지만, 부장 선생님은 정리되지 않은 말로 튀어나온 저의 진심을 읽고 보듬어 주셨습니다. 오히려 더 귀한 마음으로 빛나게 포장해 주셨지요.

　다른 이에게 함부로 조언한다는 건 쉬운 일이 아닙니다. 섣부른 오지랖이 누군가에게는 무례함이 될 수도 있고, 자기 일도 똑바로 못 하면서 남의 일에 참견한다는 피드백을 받게 될지도 모릅니다. 하지만 이렇게 진심과 정성이 담긴 조언이라면 어느 누가 마음을 열지 않을 수 있을까요.

자기는 아무것도 모르는 사람이라고 늘 겸손하게 말씀하시던 부장 선생님은 지금 장학사로 근무 중이십니다. 인품은 물론 능력도 뛰어나셔서 누구나 존경하는 분이지요. 그분의 기억 속에 저는 아직도 철없는 신규의 모습이겠지만 어쩐지 그게 싫지만은 않습니다. 그런 시절을 기억해 주는 누군가가 있다는 건 그때의 초심을 잃지 않고 늘 겸손할 수 있는 이유가 되기 때문입니다.

가끔 출장으로 교육청에 들르는 길은 참 설레는 시간입니다. 부장 선생님을 멀리서라도 뵐 수 있기 때문이지요. 정말 감사하다는 인사를 눈으로, 마음으로 수십 번 전하곤 했지만 한 번도 입 밖으로 내진 못했습니다. 나이가 들면 저런 선배 교사가 되어야지 다짐했지만 늘 마음뿐이었습니다. 누군가에게 진심이 담긴 조언과 응원을 받는 일이 흔하지 않다는 것을 잘 알고 있습니다. 저는 일찍이 그런 사람을 만났음을 축복으로 여깁니다.

부장 선생님과 함께 근무했던 학교에는 아름드리 느티나무가 여러 그루 있었습니다. 큰 나무 그늘을 이불 삼아 눕던 널찍한 벤치도 있었지요. 한쪽 끝에서 아무리 크게 외쳐도 반대쪽에는 들리지 않을 만큼 운동장도 넓었습니다. 지금은 모두 흔적도 찾을 수 없는 폐교가 되었지만 시원한 바람이 부는 여름이면 그 벤치에 앉고 싶은 생각이 간절합니다. 언젠가 그분과 학교 앞 벤치와 똑 닮은 벤치에 앉아 따스한 이야기를 나누고 싶습니다.

오늘의 교실 상담소 - 선생님의 고민과 아이들의 솔루션!

Q. 학교에 오기 싫어해서 결석을 자주 하는 아이들은 선생님이 어떻게 도와줄 수 있을까요?

저도 그런 적이 많았어요. 저는 4학년 때 선생님 덕분에 해결했어요. 결석하는 아이가 있을 때 이 방법을 써 보세요. 선생님이 놀이를 만드시거나 인터넷에 아이들이 좋아하는 놀이를 검색해 보세요. 학생들에게 놀이하는 방법을 알려 주고 그 놀이를 함께 해 보세요. 교실에서 할 수 있는 재미있는 놀이가 많이 있을 거예요. 만약 그것도 싫다고 하면 만들기 수업을 해 보세요. 예를 들자면, 클레이로 자기가 가졌으면 하는 물건 만들기, 디폼블록으로 가방에 달고 다닐 물건 만들기, 보석십자수로 꾸미기 등은 대부분 아이가 좋아할 거예요. 교실에서 그런 걸 가끔 해 주시면 아이들이 학교에 오는 걸 좋아하게 만들 수 있을걸요? 4학년 때 선생님은 학교에서 공부도 많이 했지만 재미있는 활동도 많이 해 주셨거든요. 저는 그래서 학교에 오는 게 즐거웠어요.

유서현

친절하게
단호하게

'난 나이 들어도 저러지 말아야지.'

'난 저런 구식 선생님들과는 달라.'

지금은 분위기가 많이 달라졌지만 십여 년 전만 해도 무섭고 엄한 선생님들이 학교에 많이 계셨습니다. 신규 교사인 제 눈에도 다가가기 힘든 분들이었으니 아이들에겐 더 무서웠을 겁니다.

초임 때는 다른 반 선생님들의 억압적인 말투와 구속적인 규칙들이 너무 싫었습니다. 복도까지 쩌렁쩌렁 울리는 옆 반 선생님의 고함에 제가 토끼 눈이 되어 움찔하기도 했고, 긴장한 아이들이 눈치를 보며 앉아 있는 교실 앞을 지날 때면 학교인지 군대인지 헷갈려 눈살이 찌푸려졌습니다.

저는 늘 '나는 절대 저렇게 하지 않겠다'는 소신으로 나름대로 아이들에게 자율을 부여해 주고 아이들의 생각과 의견을 최우선으로 존중해 주려고 노력했습니다. 아이들과 허물없이 지내려 그들의 눈높이에서 장난도 치면서 인격을 최대한 존중하려는 제 모습에 혼자 흐뭇해하며 자신만만했던 시절이었지요. 그러나 차츰 기대와는 다르게 흘러가는 아이들을 보면서 어딘가 잘못되었다는 생각이 들었습니다.

아이들과 선생님이 친하다는 건 참 좋은 일입니다. 친구 같은 선생님이 있는 교실이라면 아이가 아침마다 학교에 가고 싶어 안달이지 않을까요? 걱정이나 비밀도 털어놓을 수 있는 다정한 선생님이라면 아이들에게 인기도 만점이겠지요. 하지만 친절하기만 한 선생님이 놓치는 것이 있었습니다. 자칫 '만만한' 선생님이 되어 통제력을 잃을 위험이 아주 크다는 것입니다.

친절한 것과 만만한 것은 경계가 모호해서 둘을 분명히 구별하기가 힘듭니다. 한없이 친절하기만 한 선생님에게는 구속력이 없어서 아이들이 제멋대로 행동하려 들기 쉽습니다. 자유에는 책임이 뒤따라야 하는 법인데, 아이들은 자라는 과정에 있다 보니 자유는 확실히 인식하는 반면, 책임에는 성숙하게 대처하지 못하는 경우가 많습니다. 자유가 넘치는 교실에서 사고가 일어나기 쉬운 것도 이 때문이지요.

교사가 중심을 잡지 못하고 아이들의 의견만을 최우선으로 삼는

다면 나중에는 아이들의 말에 이리저리 휘둘리는 교실이 되고 맙니다. 그렇다고 권위적이고 강압적인 선생님을 옹호하는 건 아닙니다. 아닌 순간에는 확실히 단호하게, 허용해 줄 때는 최대한 친절하게 표현하는 지혜가 필요합니다.

친절하고 단호한 교사의 태도는 최근 교육계에서 화두가 될 만큼 자주 듣게 되는 말입니다. 친절과 단호가 동시에 있다니, 어찌 보면 모순처럼 들리기도 하지만 실제로 이 둘이 잘 조화될 때는 엄청난 힘을 발휘하기도 합니다. 그런데 우리는 친절하게 해야 할 때 단호하게 말하고, 단호해야 할 때 친절한 자세를 취하는 실수를 범할 때가 많습니다. '친절과 단호'라는 원칙이 잘 지켜지지 않으면, 아이들에게는 선생님이 예측할 수 없는 사람이 되고 맙니다. 아이들 시선에서는 예상치 못한 시점에 화를 내고 갑자기 친절한 척하는 선생님이 되어 버리니까요.

줄곧 친절하기만 하던 선생님이 예기치 못한 순간에 불같이 화를 낸다면 아이들은 선생님의 기분을 종잡을 수 없어 힘들 겁니다. 사실 이건 초임 시절 저의 모습이었습니다. 아이들과 허물없이 가까이 지내는 선생님이 되고 싶었지만, 그럴수록 점점 더 마음대로 하려는 아이들을 보면서 저도 모르게 지쳐 갔습니다. 아이들을 대하는 방식과 태도가 잘못되었음을 깨닫고 뒤늦게 바꾸려 했지만 쉬울 리 없었지요. 그해 우리 반 아이들의 속마음은 어땠을까요? 봄에는 친구처럼 다정하던 선생님이 겨울에는 자기 마음대로 화를 내는 이상한 선생님이 되어 버렸다고 느꼈을 겁니다. 이미 친절한 선생님에게 익숙해진 아이들을 통제하기 힘들어진 제가 맥락 없이 단호해졌기 때문이었습니다.

교실에서 반드시 따라야만 하는 가치를 우선순위로 정하고 화는 최대한 아껴 두었다가 필요한 순간에 무기로 활용하는 게 좋습니다. 시도 때도 없이 화를 내면 아이들도 내성이 생겨서 나중에는 잘 먹히지도 않거든요.

'우리 선생님은 친절하시지만, 아닌 것에 대해서는 아주 단호하고 엄한 분이구나.'

아이들이 이런 생각을 하게 되면 교사가 원하는 방향으로 교실을 이끌어 가기가 수월해집니다. 비난받기 일쑤였던 구시대적인 권위와는 다른 긍정적인 권위인 셈이지요.

3월 한 달을 웃지 않으면 1년이 편하다는 말을 많이 합니다. 신규일 때부터 선배 선생님들이 귀에 못이 박히도록 해 주셨던 이야기였지요. 이제는 유행이 지나긴 했지만, 선생님이 처음부터 기선을 제압하지 못하면 학급을 끌고 가기 힘들다는 염려가 담긴 조언이었습니다. 아이들과 가까이 지내면서도 필요한 순간에는 단호할 수 있어야 결국에는 좋은 관계를 유지할 수 있습니다. 신규 선생님들이 아이들에게 끌려다니는 흔한 이유 중의 하나가 바로 친절만 베풀기 때문인 경우가 많습니다.

하지만 선생님은 단호하게만 일관해서도 안 됩니다. 요즘에는 무작정 단호하게만 일관하면 교사에게 마음을 열지 않는 아이들도 많습니다. 앞에서는 교사가 원하는 대로 행동하지만, 뒤에서는 교사를 조롱하는 아이들이 되어 버리는 것이지요.

경력이 쌓일수록 단호함은 늘어 가는데 친절함은 줄어드는 선생님들도 많습니다. 친절함과 단호함 사이의 그 어디쯤에서 균형을 잡는 일이 그만큼 쉽지 않다는 뜻일 겁니다. 저도 여전히 오락가락하고 헤매기도 하면서 균형을 찾으려 노력합니다. 친절하게 아이들의 이야기에 귀 기울이면서도 잘못된 행동에 대해서는 단호해야 함을 기억해야겠습니다. 친절함과 단호함의 저울을 마음에 품고 걸어간다는 건, 우리가 이미 더 나은 어른으로 성장하고 있다는 증거입니다.

진지한 분위기로 유괴 예방 교육을 하던 중이었습니다. 어른들이 아이를 힘으로 제압할 수도 있으니 밤늦게 혼자 다녀서는 안 된다고 강조하고 있었지요. 가만히 듣던 태민이가 확신에 찬 표정으로 손을 들었습니다.

"선생님, 저는 괜찮아요! 검은 띠거든요!"

태민이의 말에 희수가 한술 더 떠서 힘을 보탰습니다.

"맞아요! 제가 태민이랑 같이 태권도 다녀서 잘 알아요!"

희수의 증언까지 등에 업은 태민이는 더욱 의기양양해졌습니다. 주먹을 움켜쥐는 얼굴에는 비장함까지 묻어났지요. 그 진지함에 찬물을 끼얹을 수는 없어서 속으로만 웃었습니다. 그래, 맞아, 검은띠는 대단한 거지, 하지만 아무리 대단한 검은띠여도 밤늦게 혼자 다니는 건 위험하다고 덧붙였습니다.

빛나는 아이를 만드는 연금술사

아이들을 둘러보면 선생님 눈에는 모두 예뻐 보이지만, 모든 아이가 똑같이 보인다고 하면 거짓말이겠지요. 더 정확히 이야기하자면, 선생님과 잘 맞는 아이들도 있지만 잘 맞지 않는 아이들도 있을 겁니다. 어른들의 사회생활과 다를 바가 없습니다. 나와 성향이 잘 맞고 대화가 잘 통하는 사람과는 오랜 시간을 함께하지 않았어도 급격히 친해지지만, 아무리 오래 지내도 결이 다른 사람과는 쉽사리 거리가 좁혀지지 않는 것처럼요.

성향이 맞지 않는 사람과는 거리를 두고, 마음이 잘 맞는 친구와는 가까이 지내면 그만이지만, 교사와 학생의 관계는 그렇게 간단하지 않습니다. 교사와 결이 잘 맞는 아이들은 1년이 행복하겠지만, 그렇지 않은 친구들은 교실이 괴로울 수밖에 없을 겁니다. 그렇다고 선생님과 거리 두기를 할 수도 없는 노릇이지요. 개성과 자율성이 뚜렷한 아이가 규칙과 규율을 중요시하는 선생님 반에서 지내려면 분명히 답답할 겁니다. 반대로 규칙을 따르는 것에는 익숙하지만 융통성이 적은 아이가 자율적인 성향의 선생님 반에서 생활한다면 아마 칭찬받을 일이 적을 것입니다. 서로 다른 사람들이 만나 함께 지내는 교실이기에 생길 수밖에 없는 자연스러운 과정입니다.

몇 해 전 만났던 지수와 지율이는 쌍둥이인데도 성향이 사뭇 다른 자매였습니다. 언니 지수는 모든 일에 있어 담임 교사인 저와 잘 맞았습니다. 과제물을 내주어도 제가 생각한 기준에 맞추어 손댈 곳 없이 해내고, 미술 시간이면 모범이라 해도 손색이 없을 정도로 완성도 있는 작품을 만들어서 칭찬받는 일이 많았지요. 저는 지수가 우리 반인 게 행운이라고 느낄 정도로 만족했습니다.

하지만 동생 지율이는 완전히 딴판이었습니다. 선생님의 설명을 집중해서 듣지 않았고, 해야 할 일이 있어도 자기 편한 대로 해석하고 바꾸어서 하는 아이였거든요.

"지율아, 그렇게 하는 게 아니라 이렇게 하는 거야. 선생님이 이야기할 때 안 들었지?"

이런 말을 많이 듣던 아이였으니 당연히 칭찬보다는 꾸중이 더 익숙했을지도 모를 일입니다. 칭찬만 하다 보니 지수는 더 예뻐 보이고, 꾸중만 하다 보니 지율이는 점점 더 부족하게 느껴졌습니다.

'쌍둥이인데도 이렇게 다를 수가 있구나.'

그런 생각을 하며 지수는 칭찬받을 일이 많은 아이, 지율이는 지적받을 일이 많은 아이라는 편견이 굳어져 가던 어느 날이었습니다. 동아리 시간에 같은 미술부였던 지수와 지율이가 1반 교실로 이동해서 수업하게 되었습니다.

"선생님, 그 쌍둥이 애들 있잖아요, 지수랑 지율이. 걔들 선생님 반 아이들 맞죠?"

수업을 마친 오후, 미술부인 1반 선생님과 우연히 이야기를 나눌 기회가 있었습니다.

'지수는 참 잘하는데 지율이는 손이 많이 가지요?'

할 말은 차고도 넘쳤지만 일단 1반 선생님의 이야기를 기다리기로 했습니다. 그러나 뒤이어 듣게 된 1반 선생님의 평가는 참으로 뜻밖이었습니다.

"걔들, 쌍둥이인데도 어쩜 그렇게 다르죠? 지수는 융통성이 하나도 없던데요. 딱 하라는 대로만 하고. 근데 지율이는 얼마나 창의적인지, 하나를 알려 주니 자기 아이디어대로 이것저것 내던걸요. 지율이 같은 애가 선생님 반이라서 참 좋으시겠어요."

머리를 한 대 얻어맞은 기분이었습니다. 목구멍까지 올라왔던 말을 서둘러 삼키고는 어설프게 맞장구를 쳤습니다. 당혹스러움을 감추면서요. 1반 선생님이 칭찬한 아이가 제 마음속에 최고이던 지수가 아니라, 늘 제멋대로 한다고 여겼던 지율이였으니까요. 누군가 제 머릿속을 읽고 꾸중이라도 하는 것 같았습니다.

그때 알았습니다. 저는 제 마음대로 틀을 만들어 놓고 거기에 맞추는 아이들만 칭찬하는 교사였다는 걸요. 정해진 길로 잘 따라오는 아이들만 예뻐하고 있었다는 것을요. 스스로가 창의적이지 못하고 융통성이 부족한 교사였기에 저와 다른 성향이었던 지율이의 장점이 제 눈에는 단점으로 보였던 겁니다. 지율이가 1반 선생님을 담임으로 만났다면 재능을 발휘하며 훨씬 빛날 수 있었을 텐데요. 운 나쁘게도 우리 반이 되어 날개를 움츠리며 지내왔을 거란 생각에 죄책감마저 들었습니다.

아이들은 해마다 다른 선생님에게 맞춰 가려 애쓰는데, 교사인 저는 제 성향대로 아이들을 재단하고 아이들이 억지로 거기에 맞추기를 바라 왔던 것이지요. 교사도 자신의 고집을 버리고 학생들을 있는 그대로, 혹은 더 긍정적으로 보는 연습을 해야 함을 뼈저리게 깨달았던 날이었습니다.

지율이는 정답이 있는 길보다는 자유로움을 뽐낼 수 있는 환경에서 더 잘할 수 있는 아이였습니다. 1반 선생님이 아니었다면 내내 지율이의 그런 장점을 알아차리지 못했을 겁니다. 아마 발견했다 하더라도 과소평가하거나 운이 좋았겠거니 하고 넘겨 버렸을지도 모릅니다.

자신이 정한 기준에 따라 사람과 상황을 판단하는 건 인간이기에 어쩌면 당연하고도 자연스러운 일일 겁니다. 모든 사람은 자신의 사고를 바탕으로 다른 사람을 판단하는 기준을 만들 테니까요. 하지만 교사는 그 대상이 '아이들'이기에 더 신중하고 조심스러워집니다. 이런 일이 비단 저만의 경험은 아닌 걸 보면 그 책임감은 매번 강조해도 부족한 모양입니다. 많은 교사가 자신의 성향대로 아이를 판단한다는 걸 학부모가 되고 나서 더 확신하게 되었거든요.

딸아이를 학교를 보내면서 담임 선생님의 성향에 따라 해마다 다른 피드백이 돌아오는 걸 느끼게 되었습니다. 딸아이가 상황 대처에 유연하지 못한 편이고 조금은 완벽주의 성향도 있습니다. 학생들의 자율성을 중시하는 선생님은 아이가 융통성이 없다는 걸 알아보시고는 걱정하셨지만, 규칙이나 질서 준수에 확고하신 선생님은 아이가 손댈 데가 없다고 칭찬하셨습니다. 지수와 지율이를 편견 가득한 시선으로 보았던 과거의 제 경험 덕분에 담임 선생님의 피드백만으로도 그분의 성향을 짐작할 수 있었던 셈이었지요.

어느 교실이든 해마다 비슷한 성향의 아이들이 서로 다른 얼굴을 하고 앉아 있습니다. 산만하고 자기 마음대로 하려는 아이, 자신감이 부족하고 늘 망설이는 아이, 소극적이고 작은 일에도 쉽게 상처받는 아이, 충동적이고 조심성이 없는 아이…

아이들을 나타내는 이 표현들에서 뿜어져 나오는 부정적인 감정이 느껴지시나요? 이런 아이들이 우리 반에 있다고 생각하면 분명히 가슴이 답답해집니다. 하지만 관점을 바꾸어 보니 느낌이 사뭇 달랐습니다.

호기심이 많고 자기 주도성이 높은 아이, 신중하게 판단하고 행동하는 아이, 마음이 부드럽고 감정이 풍부한 아이, 용기가 넘치고 실행력이 좋은 아이….

아이를 보는 시선을 조금만 바꾸어도 같은 아이가 완전히 다르게 보였습니다. 아이는 선생님의 시선에 따라 문제아가 될 수도, 특별한 아이가 될 수도 있다는 걸 알려 준 1반 선생님은 저보다 한참 후배인 교사였어요. 당시에는 완전히 반대였던 제 판단이 창피해서 속마음을 말하지도 못했지만, 지금까지도 그 선생님에게 참 고맙습니다. 아이를 바라보는 데는 교사 자신의 성향이 분명한 영향을 미치겠지만, 아이를 긍정적으로 보려는 노력이 있다면 충분히 관점을 바꿀 수 있다는 걸 알게 해 주었으니까요.

교사도 마찬가지입니다. 같이 근무했던 교장 선생님 중에 얘기 나누는 걸 좋아하는 분이 계셨습니다. 아마 자신도 겪어 온 고충에 대해 도움을 주고 싶으셨는지 조언도 자주 해 주셨지요. 대화를 좋아하는 선생님들은 그분이 친절하고 소통이 잘 되는 관리자라며 감탄하기도 했지만, 관리자와의 잦은 소통을 오히려 간섭으로 여겨 불편함을 토로하는 선생님들도 있었습니다.

또 규정이나 공문에 철저하신 교감 선생님에 대해서는, 꼼꼼하게 챙겨 주셔서 좋다는 선생님들도 있었지만 별로 중요하지도 않은 일까지 신경 쓰게 된다고 뿔을 내는 선생님들도 있었습니다. 선생님들이 관리자의 업무 능력을 판단할 때도 자신과 성향이 비슷하다면 긍정적인 눈으로 보게 되지만, 그게 아니라면 부정적인 시선을 주기가 쉽다는 의미겠지요.

같은 사람, 같은 상황, 같은 일을 두고도 성향이나 생각, 관점에 따라 이렇게나 달라지는 게 사람 마음이구나 생각하면 아이들을 볼 때의 교사 마음도 매번 다잡아야 함을 깨닫게 됩니다. 모르는 사이에 색안경을 낀 채 대하고 있는 아이는 없었는지 한번 생각해 봅니다. 저만의 잣대로 아이를 판단하지 않는 순간, 아이는 숨겨 왔던 날개를 펼칠지도 모릅니다. 우리 반 지율이가 그랬던 것처럼요.

파울로 코엘료의 『연금술사』라는 책에는 이런 구절이 나옵니다.

"행복의 비밀은 이 세상 모든 아름다움을 보는 것이다."

이 문장에서 '아름다움'을 교실의 아이들에게 비추어 보면 좋겠습니다. 아이들이 자기 안에 숨은 아름다움을 볼 수 있도록 도와준다면 우리는 세상 누구보다 훌륭한 연금술사라 불리겠지요. 자신의 아름다움을 긍정적으로 봐 주고 믿어 주는 좋은 선생님을 곁에 둔 아이의 인생은 행복에 가까워지고, 더 특별하게 빛날 것입니다.

오늘의 교실 상담소 - 선생님의 고민과 아이들의 솔루션!

Q. 정해진 규칙을 지키지 않고 자꾸 자기 마음대로 하려는 친구는 어떻게 가르치면 좋을까요?

먼저 경고를 한번 주시고, 그런데도 계속 규칙을 안 지키면 오후에 남아서 상담을 해 보세요. 상담하실 때 '마음대로 행동하지 말고 규칙을 지키면서 해야 친구들과 함께 즐겁게 할 수 있다'라고 자세히 알려 주세요. 그렇다고 혼내기만 하면 더 지키기 싫어질 수도 있으니까 왜 그렇게 해야 하는지 이유도 꼭 함께 설명해 주세요. 하지만 항상 그러는 친구라면 가끔은 엄하게 주의를 줄 필요도 있다고 생각해요. 예를 들어 같은 모둠 친구들에게, 규칙을 지키지 않는 친구는 잠깐 동안 모둠에 참여하지 못하게 해 보세요. 그러면 그 친구도 같이 하고 싶어서 다음부터는 규칙을 잘 지킬 수도 있어요.

문승찬

성급한 오해

오래전에 1학년 교실에 보결수업을 들어간 적이 있어요. 경력이 짧았던 때라 아이들과 능숙하게 소통할 줄도 몰랐고 1학년 담임 교사를 맡은 경험도 없었기에 조금은 두려운 마음이었지요. 아니나 다를까 담임 선생님이 안 계신 교실은 이미 난장판이었습니다.

아이들을 앉히고 수업을 시작하려고 했을 때 아이 둘이 사라지고 없다는 걸 알게 되었습니다. 정신이 없어서 아이가 교실을 나가는 것도 알아채지 못해 당황했는데, 다행히 화장실에 갔다가 금세 돌아오더군요. 담임 선생님이었다면 얘기를 하고 갔을 테지만, 선생님이 바뀌었으니 규칙 같은 건 지키지 않아도 괜찮다고 생각한 모양이었습니다. 말도 없이 교실을 아무렇지 않게 벗어나는 아이들을 보고 있자니 혼이 쏙 빠지는 것 같았어요. 동료 선생님들이 흔히 1학년 교실에는 우주인들이 살고 있다고들 말하는데, 직접 체감하는 순간이었지요.

1학년 아이들은 자리에 가만히 앉아 있기가 힘들어 엉덩이가 들썩들썩한 경우가 많습니다. 혼자서 복도를 배회하기도 하고, 어떨 때는 학교를 배회하다가 그대로 교실로 돌아오지 않는 일도 생기기에 걱정되었습니다. 교실 밖에서 사고가 나기라도 하면 큰일이니까요. 그래서 아이들에게 당부했지요. 화장실에 갈 때는 선생님한테 '꼭' 알리고 가야 한다고요. 여러 번 이야기한 뒤 손가락 약속까지 하고 아이들에게 큰 소리로 따라 말해 보게도 했습니다.

그러고는 책을 펴고 한창 글씨 쓰기를 연습하고 있었어요. 어느새 한 아이가 손을 들고 화장실에 가도 되냐고 묻더군요. 흔쾌히 그러라고 했지요. 물어보는 일을 망설이느라 시간을 끌어서였는지, 아이는 급해 보였습니다. 제 허락이 떨어지기 무섭게 후다닥 뒷문으로 사라졌거든요. 그런데 곧바로 다른 아이도 뒷문으로 뛰어가는 게 아닌가요. 두 번째 아이를 급하게 막아 세우느라 저도 모르게 소리가 커졌습니다.

"친구야! 안 돼! 화장실에 가려면 선생님한테 얘기하고 가야 한다고 했잖아!"

뒷문으로 돌진하던 아이는 급하게 브레이크가 걸린 자동차처럼 걸음을 멈추었어요. 그렇게 여러 번 얘기해도 역시 1학년은 안 되는구나, 이런 생각을 하며 한숨도 쉬었던 것 같습니다.

"어, 저, 문 닫으려고요."

거침없이 달려가다가 난데없이 야단맞은 아이의 이름은 수호였습니다. 방금 나간 친구가 미처 챙기지 못한 뒷문을 닫아 주러 달려갔던 것이었지요. 앉아 있던 자리가 뒷문과 가깝지도 않았는데 말이에요. 그 착한 마음씨에 감탄할 시간도 없이, 제 얼굴은 홍당무가 되는 것 같았습니다.

"아, 그랬구나. 미안해."

제 말에 수호가 다시 물었습니다.

"선생님, 이제 문 닫아도 돼요? 저 안 혼나요?"

짐짓 큰일이 아닌 척 넘기려고 했는데 그렇게 묻는 수호 때문에 더 미안해지고 말았습니다. 뒷문을 닫고는 이제 안심이라는 얼굴로 자리에 앉는 수호를 보면서 속으로 저를 무척 야단쳤습니다. 수호가 제 말에 상처받지는 않았을지, 그 교실을 나오기 전에 한 번 더 사과하지 못한 게 후회됩니다. 친구 대신 좋은 일을 하려던 수호에게 목소리를 키운 일이 아직도 마음에 걸리거든요.

느긋한 편이 못 되는 저는 성급한 말과 행동 때문에 이렇게 아이들을 오해하거나 아이들에게 실수하는 일을 종종 겪습니다. 선불리 아이들을 혼냈다가, 혹은 혼내려 했다가 아차 하는 순간을 떠올릴 때면 마음이 무거워지지요.

한번은 이런 일도 있었습니다. 우리 반에는 교실에 들어오면 핸드폰 전원을 끄는 규칙이 있는데도 수업 중에 핸드폰 알림 소리가 크게 울린 적이 있습니다. 누구의 핸드폰인지 찾느라 아이들은 분주했고 교실은 이내 술렁거렸습니다. 그런데도 알림 소리는 멈추지 않았습니다.

"얘들아, 아침에 오자마자 전원을 끄라고 몇 번을 말했니? 너희가 규칙을 안 지키니까 자꾸 이런 일이 생기는 거야."

수업 중에 핸드폰 소리가 울렸던 적이 처음이 아니었기에 사실 짜증도 좀 났습니다. 한 번 수업의 흐름이 끊겨 버리면 다시 잡는 데도 시간이 걸리고 애를 먹으니까요.

"선생님, 소리가 선생님 가방에서 나는 것 같은데요?"

사실이 아니길 바랐지만, 알림 소리는 제 것이었습니다. 언제 저장해 둔 지도 모를 알람이었지요. 너무 민망했습니다. 덕분에 그 뒤로 수업 중에 핸드폰 소리가 울려도 아이들을 크게 야단치지 못했습니다.

몇 해 전 우리 반 학생이었던 경택이는 장난이 심하고 친구들과 갈등도 잦았습니다. 흥분하면 손이 먼저 반응하기도 하고 감정 조절이 힘든 문제도 있었지요. 아이들이 달려오면 대부분은 경택이를 신고하러 오는 일일 정도로 그해 우리 반에서 가장 힘든 학생이었습니다.

"선생님, 경택이가 뒤에서 저 밀었어요."

"선생님, 경택이가 저 놀렸어요."

"선생님, 경택이가… 경택이가…."

쉬는 시간에 아이들이 저를 부르면 저는 경택이를 불러야 할 정도로 한시도 쉴 수 없는 '쉬는 시간'이었지요.

하루는 엎드려서 울고 있는 연지 곁에 경택이가 안절부절못하고 서 있었어요. 연지의 등을 토닥이면서요. 반쯤 포기한 상태로 체념에 가까운 말이 무심코 튀어나왔습니다.

"경택아, 이번엔 또 뭐야?"

매일 있는 일이라 어떤 사연인지 궁금하지도 않았습니다. 차가운 제 말투를 눈치챈 다른 아이가 대신 대답했습니다.

"선생님, 연지 시험 점수 때문에 우는데 경택이가 지금 달래 주고 있었어요."

사고를 친 건 경택이가 아니라 저였습니다. 아무래도 제게 나쁜 마음이 단단히 쓰인 것 같았습니다. 안 그래야지 하면서도 오해를 반복하게 되니 말입니다.

작년 국어 시간에 모둠별로 역할극을 연습할 때였습니다. 교실을 돌아다니며 이리저리 살펴보고 있는데 평소에도 죽이 잘 맞았던 개구쟁이 녀석 둘이 박수를 치면서 놀고 있는 게 보였습니다. 그것도 보란 듯이 신나게 웃으면서 말이지요. 당연히 화가 난 저는 크게 야단쳤습니다.

"지금 뭐 하는 시간이야? 연습 안 하고 누가 장난치래?"

"선생님, 저희 역할극 연습하는 중인데요. 저희 모둠 내용에 이렇게 박수 치고 노는 장면이 있어요."

오랜만에 열심히 준비해 보려다 핀잔을 들은 아이들은 무척 억울해했습니다. 저는 또 오해해서 미안하다고 사과할 수밖에 없었습니다.

크고 작은 아이들의 싸움 대부분은 오해에서 시작되는 경우가 많고, 찬찬히 서로의 사정을 들어 보면 금방 풀리기도 합니다. 그래서 성급하게 따져 묻지 말고 서로 대화를 하는 게 중요하다고 늘 말하지요.

그러나 성급한 말과 행동이 오해를 부르는 건 어른들도 마찬가지입니다. 성격이 급한 저는 그런 일을 자주 겪는 편이기도 하고요. 여유를 가지고 말하고 행동했더라면, 뒷문을 닫으러 갔던 수호에게, 알람 소리에 놀라 서둘러 핸드폰을 확인했던 아이들에게, 친구의 등을 토닥여 주던 경택이에게, 열심히 역할극을 연습하던 두 친구에게 미안해하지 않아도 되었을 테지요.

저는 아이들에게 다른 친구의 말을 천천히 잘 들어 보라고 이야기합니다. 말을 잘하는 것보다 다른 사람의 말을 잘 듣는 게 더 중요하다고도 강조합니다. 그러면 오해가 생길 일이 줄어들 거라고요. 아무래도 주의를 기울여야 하는 사람은 저인 것 같습니다. 아이들을 가르치는 사람이지만, 오늘도 배우는 것이 더 많습니다.

오늘의 교실 상담소 - 선생님의 고민과 아이들의 솔루션!

Q. 장난기가 많아서 가끔 위험한 장난을 치는 아이는 어떻게 지도해야 할까요?

위험한 장난을 하는 아이들은 그게 재미있어서 하는 경우가 많아요. 친구랑 같이 하면 용기가 생겨서 더 재미있게 느껴지기도 하고요. 그래서 말로만 친절하게 타이르면 장난을 못 고칠 가능성이 큽니다. 위험한 장난을 하는 아이들에게 쓰레기 줍기 같은 봉사 활동을 시켜 보시면 어때요? 그러면 그게 하기 싫어서라도 장난을 좀 줄일 수 있어요. 아니면 남아서 반성문을 좀 쓰게 하면서 그 장난이 왜 위험한지, 왜 하면 안 되는지 자세히 알게 하면 좋을 것 같아요.

이지윤

문제가 아니라
어려움이 있을 뿐입니다

"싸움은 사소한 데서 시작합니다. 상대를 고쳐 보겠다면서 어린아이처럼 기 싸움을 벌이곤 합니다. 그러나 누구도 내 식대로 고칠 수는 없습니다. 나도 나를 못 고치는데 어떻게 남의 성질을 고치겠습니까. … 정말 고쳐야 할 건 누군가를 고치겠다는 마음입니다."

법륜 스님의 「희망 편지」에 나오는 부부 싸움에 대한 조언 중 일부분입니다. 정말 고쳐야 할 건 누군가를 고치겠다는 마음이라는데, 부끄럽게도 저는 교사가 된 이후 오랜 시간 마음에 들지 않는 학생을 고치고 저의 의도대로 변화시키려 최선을 다해 왔습니다. 그것이 문제없이 흘러갈 때도 있었지만 한 해 학급살이를 통째로

망친 적도 있었습니다. 저의 교직 생활에서 이때만큼 큰 시행착오도 없었다고 생각합니다.

오래전에 만났던 한결이는 전교에 소문날 정도로 힘든 아이였습니다. 수업 중에 선생님보다도 말을 더 많이 한다고 생각하면 될 정도였어요. 넘치는 에너지로 수업을 시작할 때부터 끝날 때까지 쉬지 않고 저를 방해했습니다. 어떨 때는 나를 괴롭히기 위해 학교에 오는 게 아닐까 하는 생각이 들 정도로 정신적으로 힘들었습니다.

한결이로 인해 저는 웃음을 잃었습니다. 그해 우리 반에서 제가 소리치는 일은 교실의 일상이 되었습니다. 교실은 점점 더 차가워졌고 한겨울 추위 같은 냉랭함 속에서 한결이는 거의 매일 혼났지만 변화되기는커녕 저를 더 힘들게 할 뿐이었지요.

그런 한결이와 기 싸움을 벌인 적도 있지만 쉽게 꺾이지 않더군요. 오히려 맞서려는 힘이 세져서 우리의 관계는 아예 무너졌고, 지지 않으려는 팽팽한 신경전에 지친 저는 아침에 출근하기가 두려울 지경이었습니다. 아이들을 보는 것도 당연히 힘들었고요. 한 아이와의 관계에서 시작된 부정적인 선생님의 마음가짐이 전체 아이들과의 관계에도 영향을 미친다는 걸 깊이 깨달았던 시간이었습니다. 꽁꽁 얼어붙은 교실에서 선생님의 웃는 얼굴을 보지 못하는 날들이 반복되니 아이들도 힘들긴 마찬가지였겠지요.

그때의 저는 아이들의 마음보다 제가 원하는 기준대로 교실을 이끌어 가는 것이 더 중요한 교사였습니다. 아이를 있는 그대로 존중해 주고, 받아들일 부분은 받아들여야 했는데, 그러기 전에 아이를 미워하는 마음을 먼저 품어 버렸습니다. 뜻한 대로 교실이 굴러가기 위해서는 내가 원하는 방향으로 한결이를 '고쳐야' 하는데, 그게 되지 않으니 불편하고 화나는 마음만 커졌습니다. 그러는 동안 한결이는 저에게 까다로운 아이, 정서적으로 문제가 있는 아이, 감당하기 힘든 아이라는 낙인이 찍혀 버렸어요. 있는 그대로 받아들일 준비는 전혀 하지 않은 채 아이를 고장 난 기계처럼 여기고 고쳐써야 한다고 믿었으니 당연하게도 처음부터 관계는 어긋날 수밖에 없었습니다.

저는 한결이를 고치기 위해 다른 아이들도 동원했습니다. 한결이를 문제아로 낙인찍고 비난하면 모두가 등을 돌려 제 편이 될 거라고 예상했습니다. 그제야 혼자가 된 한결이의 행동이 개선될 거라고 믿었지요. 그러나 그것 역시 저만의 큰 착각이었습니다. 다른 아이들이 자연히 제 편으로 돌아설 거란 예상은 무너져 버렸습니다. 아이들에게 한결이는 여전히 소중한 친구였기에, 친구가 매일 억압받는 모습을 보는 게 아이들은 괴로웠던 거죠. 결국 한결이를 억누르는 게 반 전체 아이들을 위한 일이라 여겼던 제 생각을 완전히 굽히게 되었습니다.

아이를 자기가 만든 틀에 끼워 넣으려 하거나 기계처럼 뜯어고치려 든다면 그 마음가짐부터 잘못된 것일 가능성이 큽니다. 여러분의 그런 생각을 아이가 느낀다면 뒷걸음질 치는 게 당연하겠지요.

시간이 흐른 지금 돌이켜보면 한결이는 창의적인 아이였습니다. 다른 아이들이 보지 못하는 새로운 시선으로 사물을 보고, 자신만의 관점으로 상황을 해석할 줄도 알았지요. 하지만 이미 미움으로 얼룩진 제 마음은 그런 아이의 장점을 전혀 읽어 내지 못했습니다. 심지어 장점을 찾아볼 시도조차 하지 않았던 것 같습니다. 아이의 태도를 고치고 변화시켜야겠다는 생각에 매몰되어 긍정적인 눈으로 봐 줄 여유가 전혀 없었던 탓이었지요. 이 글을 읽으시는 여러분은 저와 같은 실수는 하지 않으셨으면 합니다. 그해의 우리 반 아이들과 한결이를 생각하면 지금도 많이 미안하거든요.

'아이에게 무엇이 결여됐는지를 보는 것이 아니라, 아이에게 무엇이 있는지를 찾아내는 것이 부모의 역할입니다.'

서번트 증후군 연구의 권위자인 대럴드 트레퍼트 교수의 이 문장이 제 심장을 두드렸습니다. 부모의 역할이라고 하긴 했지만, 실은 아이를 대하는 모든 어른의 역할이라고 느껴졌습니다. 선생님이 볼 때 이해할 수 없는 행동을 한다고 해서 문제가 있다고 못 박아 버리기보다, 어려움이 있어 도움이 필요한 아이라는 생각을 먼저 해 보시면 좋겠습니다.

요즘은 저를 힘들게 하는 아이를 대할 때면, 호흡을 가다듬고 천천히 그 아이의 장점을 떠올려 봅니다. 미운 아이들을 생각하면 있는 그대로 아이를 보지 못하고 자꾸 고쳐야 할 단점들이 먼저 눈에 들어오는 경우가 많거든요. 그 뒤에 가려진 아이들의 숨은 빛을 보려고 노력합니다. 여전히 단점이 더 많이 보일 때가 많지만, 장점을 먼저 얘기해 주려 애씁니다. 그러다 보면 아이들이 저마다 가슴속에 간직한 밝은 빛을 발견하기도 합니다. 뿌듯하고 감사한 일입니다.

얌전하고 모범적인 아이들만 교실에 가득하다면 선생님이라는 직업이 얼마나 행복하고 보람찰까요. 선생님이라면 한 번쯤은 이런 상상을 하게 되는 것 같습니다. 그런데 쉬는 시간에 서로 다른 매력을 뽐내며 놀고 있는 아이들을 보면 또 생각이 달라지기도 합니다. 다르다는 이유로 서로 부딪칠 때도 있지만 모두가 같기만 하다면 살아가는 재미가 없을 테니까요.

모난 돌과 모난 돌이 만나 둥근 돌로 깎여 가는 과정에서 아이들이 성장하는 모습을 보는 것만큼 흐뭇한 일도 없습니다. 무지개가 한가지 빛깔로만 이루어져 있다면 지금처럼 아름답지는 못하겠지요.

고쳐야 할 게 끝이 없는 아이라도, 집에서는 세상 하나밖에 없는 귀한 자식이라는 눈으로 바라보면 예쁜 점이 훨씬 많이 보입니다. 긍정적인 시선으로 아이의 장점을 찾을 때 아이의 눈빛이 변하는 걸 느낀 적도 많았습니다. 선생님을 힘들게 하는 특별한 아이들은 대개 관심과 사랑을 원하는 경우가 많거든요. 물론 쉽지 않은 아이들도 있겠지만 선생님의 진심을 보여 주었을 때 끝까지 거부하는 아이는 거의 없습니다. 어느 정도 포기해야 하는 부분을 인정하고, 있는 그대로의 아이 모습도 미워하지 않을 용기를 갖춘다면 아이도 언젠가 마음을 열 것입니다. 진심은 어디서든 통하는 법이니까요.

우리는 누구나 사랑받기 위해 태어난 존재라고 이야기합니다. 누군가에게 특별한 존재로 남고 싶고, 사랑받고 싶은 마음은 똑같습니다. 그러나 그 욕구가 조금은 더 큰 아이들이 분명히 있지요. 어느 교실에나 있는, 선생님을 제일 힘들게 하는 아이, 그 아이를 한번 떠올려 볼까요? 그 아이는 문제아가 아니라 사실은 어려움을 겪는 아이입니다. 그 어려움 때문에 선생님의 사랑을 가장 많이 기다리는 아이입니다.

오늘의 교실 상담소 - 선생님의 고민과 아이들의 솔루션!

Q. 수업 시간에 멍하니 있거나 선생님 이야기를 경청하지 않는 아이들은 어떻게 지도해야 할까요?

멍 때리는 친구를 바로 혼내지 말고 오후에 남겨서 이유를 물어보세요. 3학년 때 선생님이 그렇게 하셨는데 저한테는 도움이 많이 됐어요. 그리고 경청하지 않는 학생들은 집중하라고 경고를 한번 주세요. 그래도 안 되면 복도에 데리고 나와서 이유를 물어보세요. 그럼 조금은 도움이 될걸요. 근데 다른 친구들이 다 듣는 데서 혼내는 건 하지 말아주세요. 그러면 선생님이 더 미워지기만 할 거예요. 부끄러워서 선생님이 뭐라고 하시는지 귀에 들어오지도 않아요. 그러니까 꼭 데리고 나와서 따로 물어보세요. 그리고 제가 꿀팁 하나 알려 드릴게요. 집중을 잘하고 경청을 잘하는 학생들은 뽀로로 비타민 같은 걸 한 개씩 주면 좋아할 수도 있어요.

윤주희

오늘의 교실 상담소 - 선생님의 고민과 아이들의 솔루션!

Q. 최선을 다하기보다 뭐든지 대충 하고 빨리 끝내려 하는 친구에게는 뭐라고 말해 주면 좋을까요?

대충 하지 않고 꼼꼼히 잘했을 때 칭찬해 주시거나 보상을 주시면 어떨까요? 아마 칭찬이나 보상이 받고 싶어 열심히 하게 될 거예요! 그래도 너무 심하게 대충 하거나 빨리 끝내려 하면 주의를 한번 주는 것도 괜찮을 거 같아요. 그리고 선생님께서 대충 하는 친구에게 '더 잘할 수 있어'라고 얘기해 주시거나 '열심히 하면 훨씬 나은 작품을 만들 수 있을 것 같은데'처럼 그 아이한테 좋은 말들을 계속해 주시면 그 아이도 선생님에게 고마워서 열심히 할 거예요. 이렇게 해도 계속 대충 하려고 하면 상담을 해 보는 방법도 괜찮을 것 같아요. '왜 대충 하는 거니? 왜 빨리 끝내려고 하니?' 이렇게 자세히 이야기하면서 상담해 보면 그 아이의 마음을 더 잘 알게 될 수도 있기 때문이에요. 특별한 팁은 아니지만 한번 해 보시는 걸 추천해 드려요!

이은경

잘했다는 말보다
고맙다는 말

"말하지 않아도 알아요. 눈빛만 보아도 알아요."

예전에 초코파이 광고에서 흘러나오던 노래에는 이런 가사가 있었습니다. 저는 교실에서만큼은 이 말이 통하지 않는다고 생각합니다. 가족 간에도 표현하지 않아 소통에 문제를 겪고 오해가 쌓이는 일이 많은데, 많은 아이가 서로 다른 다양한 의견을 주고받으며 함께 배우고 자라는 것이 일상인 교실에서, 말하지 않고 눈빛만으로 서로의 마음을 어떻게 알 수 있을까요.

교실이 소란 없이 잘 굴러가는 건 아이들이 각자의 자리에서 자기 몫을 잘 해 주고 있기 때문이에요. 제가 그런 아이들에게 의도적으로 자주 하는 말이 있는데 바로 '고맙다'는 인사입니다. 아이들이 도와주지 않는다면 선생님인 제가 직접 해야 할 일이 참 많아요. 예전에는 그런 것들을 당연하게 여겼지만, 아이들이 보이지 않게 각자 애써 줌으로써 교실이 문제없이 돌아간다고 생각하니 감사할 거리가 참 많았습니다.

"준서야, 쓰레기통 주변을 치워 줘서 고마워."

"성윤아, 복도를 깨끗하게 쓸어 줘서 고마워."

"상은아, 포기하지 않고 끝까지 과제 마무리해 줘서 고마워."

만약 준서가 쓰레기통 주변을 치워 주지 않았다면 눈살이 찌푸려졌을 게 뻔합니다. 성윤이가 복도를 대충 쓸었다면 돌아다니는 먼지를 보는 제 마음은 불편할 수밖에 없고, 제대로 청소해 달라고 다시 부탁해야 하는 제 기분도 좋지는 않았을 거예요. 또 상은이가 과제를 마무리하지 않았다면 어째서 해야 할 일을 똑바로 하지 않느냐고 잔소리를 했을 테고, 제 기분도, 아이들의 기분도 엉망이 되었을 겁니다. 이 모든 일이 일어나지 않게 해 준 아이들에게 어떻게 고맙지 않을 수 있을까요. 의도적으로 고맙다는 인사를 하려고 노력했던 저에게 언젠가 아이들이 이야기했어요.

"선생님, 그냥 1인 1역이라서 하는 건데 뭐가 고마워요?"

"선생님은 별걸 가지고 다 고맙다고 하시네요."

때로는 아이들이 어리기만 하고 생각 없어 보여도 다 알고 있는 것들이 있습니다. 외부 강사 초청 수업 중에 우리 학교 선생님의 장점을 쪽지에 쓰는 활동을 한 적이 있습니다. 거기에는 담임 교사에 대해 적는 칸도 있었지요.

'우리 선생님은 고맙다는 말을 잘 해요.'

'고맙다는 말을 많이 해 주셔서 기분이 좋아요.'

제가 의도적으로 했던 말과 행동을 느끼고 또 기억하는 아이들이 많다는 사실이 놀라웠습니다. 아이들이 모르는 거 같아도 어른들이 하는 말을 다 눈치채고 있었던 것입니다. 그 사실에 저는 다시 한번 고마움을 느꼈습니다. 그 뒤로 일기장이나 유인물을 나눠 주는 간단한 부탁을 하면서도 고맙다는 말을 할 수밖에 없었습니다. 한 번 입에 붙은 말은 습관과도 같아서 얼마 지나지 않아 쉽게 잘 나왔습니다. 더 놀라운 건 언제부턴가 아이들도 그 말을 따라 하기 시작했다는 사실입니다.

"선생님, 재미있는 활동을 준비해 주셔서 감사해요."

"선생님, 친절하게 설명해 주셔서 고맙습니다."

자라면서 어른들로부터 고맙다는 말을 들었던 기억이 있는지 떠올려 보았습니다. 남에게 눈에 띄는 도움을 주었을 때가 아니고서는 고맙다는 말을 들은 기억이 거의 없었습니다. 어쩌면 그런 말을 해 준 어른이 있었지만 제가 무심코 넘겼거나 잊었을 수도 있지요. 하지만 확실한 건, 아이들은 어른들에게 고맙다는 말보다 잘했다는 칭찬을 더 많이 듣고 자란다는 것입니다.

"깨끗하게 정리했네. 잘했어."

"글씨 정성 들여서 썼네. 잘했어."

"벌써 다 하고 친구 도와주는 거야? 잘했다."

그런데 잘했다는 칭찬은 어른의 평가가 담긴 말입니다. 한 아이에게 잘했다는 칭찬을 하고 나면 다른 아이들이 보이는 반응은 한결같습니다.

"선생님, 저는요?"

"선생님, 그럼 제 건요?"

이런 것들이지요. 간혹 삐딱하게 표현하는 아이들에게서는 이런 피드백이 돌아오기도 합니다.

"그럼 전 못했다는 말이에요?"

따져 묻는다기보다는 관심받고 싶어 하는 아이들의 표현입니다. 그러기에 '너도 잘했어'로 답하다 보면 점점 말문이 막히는 순간이 오고 맙니다. 마음에는 들지 않는데 칭찬할 수밖에 없는 때를 맞닥뜨리게 되기도 하지요. 똑 부러지고 손이 야무진 아이들은 많은 일을 완성도 있게 해내기 때문에 의식하지 않고 칭찬했다가 '잘했다'는 말이 절로 나오기 쉽습니다. 하지만 모든 아이에게 '잘했다'라고 칭찬하는 것은 일종의 거짓말이기도 해서, 아이들도 진심으로 받아들이지 않는 경우가 많습니다. 자기도 잘한 게 아니란 걸 빤히 알고 있는데 잘했다고 하는 순간, 저는 빈말을 내뱉는 선생님이 되고 맙니다. 하지만 '고맙다'는 말은 애쓰고 노력하는 누구에게나 진심을 전할 수 있는 말이라서, 하는 사람도 듣는 사람도 기분이 좋습니다.

'잘했다'라는 칭찬은 '잘하지 못한' 사람과 비교하며 나오는 평가

이기에 아이들에게 열등하거나 우월하다는 인식을 심어 줄 가능성도 있다고 합니다. 누군가의 칭찬이 다른 누군가에게는 독이 될 수도 있다는 것이지요. 물론 잘했다는 칭찬 자체가 나쁘다는 말은 아니에요. 사람은 누구나 보상심리를 가지고 있어서 아주 사소한 일이라도 칭찬받으면 더 잘하려고 노력하니까요. 아이뿐 아니라 우리도 마찬가지입니다. 아이들에게 의도치 않은 칭찬을 들은 이후로 고맙다는 말을 더 자주 하게 된 저처럼요.

잘했다고 칭찬받은 일을 더 잘하려는 노력은 아이를 발전시키는 원동력이 될 수도 있을 거예요. 하지만 이전과 똑같이 잘 해내려는 노력이 누군가에게는 부담이 될 수 있고, 다시 그만큼 잘 해내지 못할 것이라는 두려움을 줄지도 모르기에 조심스럽습니다. 하지만 고맙다는 인사는 그런 문제들에서 자유롭고 언제든 말해도 괜찮아서 안심입니다.

칭찬하고 싶은 생각이 드는 순간에 '잘했다'는 말보다는 '고맙다'는 말을 해 주세요. 분명히 아이들의 눈빛이 변하는 걸 볼 수 있을 테니까요. 매일 같이 지각하던 민주가 제시간에 등교한 날 '늦지 않고 와 줘서 고맙다'고 말해 주었더니 다음 날 아침에 늦지 않으려고 헐떡거리면서 뛰어오더라고요. 수업 시간에 딴짓만 하던 태현이가 필기를 하고 있길래 고맙다고 말해 주었더니 괜히 민망해 연필을 내려놓고는 "에이, 저 그냥 안 할 거예요" 합니다. 무뚝뚝하기도 하고 반항적이기도 한 아이라 칭찬은 오글거린다고 질색하거든요.

모른 척하고 지나쳤더니 슬쩍 연필을 다시 잡고 필기를 하더군요. 잘했다는 말이 아닌 고맙다는 말로도 충분히 아이의 마음을 건드릴 수 있음을 느끼는 순간이었습니다. 글을 쓰다 보니 문득 아이들 모두에게 고맙다는 말을 전하고 싶은 생각이 간절합니다.

"얘들아, 고마워. 정말 고마워."

오늘의 교실 상담소 - 선생님의 고민과 아이들의 솔루션!

Q. 자주 지각하는 친구는 어떻게 하면 습관을 바꾸게 도와줄 수 있을까요?

학교에 지각을 하면 다른 친구들이 아침 활동을 하는 데 방해가 될 수 있으니 조금 더 일찍 와 달라고 먼저 부탁해 보는 것도 좋을 것 같아요. 평소 선생님 말씀을 잘 듣지 않는 아이라면 잠깐 뒤에 서 있다가 들어오는 방법이나 왜 지각을 하면 안 되는지 교육시키면 될걸요. 혼내면 반발심이 생겨서 더 지각을 할 수도 있으니 혼내지 말고 집에서 일어날 때 알람 소리를 크게 바꾸어 보라고 조언을 해 주세요. 그러면 일찍 일어나서 지각을 하지 않을 거예요. 제 아이디어를 가지고 아이들이 지각을 하지 않으면 좋겠어요.

박선영

학부모님과
진심이 통할 때

각자의 삶을 살아가기에도 바쁜 세상에 누군가의 삶에 진심으로 관심을 가진다는 건 쉬운 일이 아닙니다. 관심은 애정에서 시작될 때가 많지만 참견이라는 또 다른 얼굴로 상대를 불편하게 하기도 하고, 때로는 긁어 부스럼을 만들 때도 있습니다. 결국 남에게 간섭하고 신경 쓰는 것보다 자기 삶에만 집중하며 살아가는 게 더 이득이라는 생각을 하게 되는 현실이지요.

하지만 '선생님'이라는 이름에는 아이들의 삶에 진심으로 관심을 가져도 좋다는 허락이 담긴 것 같아서 참 다행스럽다는 생각이 듭니다. 한 사람의 세상을 자세히 들여다보고 응원을 보낼 수도, 잘못된 방향을 바로잡아 줄 수도 있는 귀한 자리이니까요.

교실은 늘 시끌벅적하고 정신없이 돌아가는 것처럼 보이지만 한 장면 한 장면 관심을 가지고 들여다보면 마음에 따스함이 번지고 저절로 웃음이 지어지는 일들이 하루에도 셀 수 없이 일어납니다. 흑백으로 삭막한 어른들의 세계와는 다른, 매력적인 개성들로 넘치는 공간이지요.

그냥 넘길 수 있는 아이들 간의 사소한 일도 관심을 두고 바라보면 더 이상 사소한 일이 아니게 됩니다. 굵직굵직한 일들에 가려지는 아기자기한 일들이 아이들에게는 너무 많거든요. 그런 일들을 차곡차곡 기록해 두었다가 학부모님과 소통하곤 했습니다.

"채영이는 과제를 할 때 시간이 부족해도 대충 하지 않고 끝까지 마무리하는 습관이 있어요. 꼼꼼한 성격 덕분에 뭐든지 믿고 맡길 수 있어요."

"윤진이는 다른 사람이 도움을 부탁하지 않아도 선뜻 먼저 손 내밀어 주는 일이 많아요. 실수로 물병을 쏟아 주변이 다 젖은 친구를 자기 일처럼 도와주었어요."

"정현이가 친구와 다툼이 있었는데 대화로 상황을 슬기롭게 잘 해결하는 모습이 참 어른스러웠어요. 상대를 먼저 용서하는 용기도 멋지고요. 집에서도 칭찬 많이 해 주세요."

"내성적인 보라가 학기 초에는 학교에 적응하는 게 힘들어 보였는데 마음 맞는 친구를 사귀면서 요즘은 웃음이 끊이지 않아요. 역할극 할 때도 수줍어할 줄 알았는데 큰 목소리로 곧잘 해서 놀랐어요. 보라의 숨은 매력을 알게 된 하루였지요. 보라에게 도움이 필요한 일이 생기면 언제든지 알려 주세요."

별것 아닌 것처럼 보이는 사소한 관심에도 학부모님들은 많이 고마워하신답니다. 교실에서 아이들이 지내는 모습은 선생님만이 관찰할 수 있는 장면이기도 하니까요. 아이들이 자기표현을 객관적으로 하기 힘든 저학년 때뿐 아니라 고학년으로 올라가서도 마찬가지입니다. 3, 4학년만 되어도 다 큰 것처럼 보이지만 여전히 마음은 한없이 어린 아이들이니까요. 덩치는 선생님보다 크면서도 표현을 못 해서 속 끓이는 아이들도 있고 친구 관계에 대한 고민으로 애태우는 아이들도 많지요. 미주알고주알 이야기하기를 좋아하는 아이들은 부모님과 소통이 잘 되겠지만 그렇지 않은 경우는 아이들이 학교에서 어떻게 지내는지 알 길이 없어 부모님 입장에서는 궁금할 수밖에 없습니다. 저학년은 말하는 걸 좋아하는 편이지만 주로 자기 위주로만 이야기하고, 고학년이 되면서는 가족보다 친구들과의 대화에 더 가치를 두기 때문에 집에서는 입을 닫는 경우가 많아집니다.

"몰라요. 기억 안 나요."

학부모 상담을 해 보면 학교에서의 하루를 이렇게 짧게 정리해 버린다는 아이들도 제법 많습니다. 아이의 학교생활이 걱정되는 부모님의 입장에서는 참 답답한 상황이지 않을까요. 저 또한 부모가 되기 전에는 공감하지 못했던 일이거든요.

부모님과 대화를 많이 하는 아이라도, 아이의 관점과 교사의 관점은 다를 수 있어서 선생님과 나누는 원활한 소통은 학부모님에게 분명히 큰 기쁨이 될 것입니다. 문제가 있지 않을 때도 학부모님과 소통하는 게 자연스러워지면 아이의 실수나 잘못을 전해야 하는 조심스러운 상황도 훨씬 더 유연하게 넘길 수 있습니다. 함께 해결해 나가기 위해 방향을 제시하는 교사의 의도가 제대로 전달되는 과정도 훨씬 수월하겠지요.

'우리 선생님은 아이에게 문제가 있을 때만 연락하는 게 아니라 평소에도 아이에게 관심을 가지고 애쓰시는 분이야.'

이런 마음을 학부모님께 얻게 된다면 학급에서 교사가 하는 모든 일은 더욱 신뢰받게 됩니다.

'왜 이런 걸 굳이 해야 하지?'

'우리 애는 잘못이 없는데 선생님이 차별하시는 걸 거야.'

이렇게 반응하는 학부모님을 두고 선생님이 아이를 애정으로 가르치기는 쉽지 않을 것입니다.

'이런 것도 다 이유가 있겠지.'

'우리 아이도 잘못한 게 있으니 야단치셨을 거야.'

교사를 믿어 주시는 학부모님이 있다면 당연히 더 자신감 있게 학급을 운영하고 아이들을 이끌어 갈 수 있습니다.

＊

오래전 학부모님의 신뢰를 확인했던 적이 있습니다. 윤아가 잘못한 일이 있어서 주의를 주었는데, 집에 가더니 학교에서 야단맞은 일에 대해 하소연을 늘어놓았나 봅니다. 자기는 잘못이 없는데 억울하다고 말이지요.

"선생님, 윤아가 선생님을 오해한 것 같아요. 아니면 혼날까 봐 겁이 나서 다르게 말하는 것일 수도 있고요. 아무래도 선생님의 말씀을 듣는 게 제일 정확할 것 같아 연락드렸어요."

학부모님의 말씀이 정확했습니다. 저학년이었던 윤아는 앞뒤 맥락을 생각지 못하고 자신이 기분 나빴던 부분에만 초점을 맞추어 전달했던 것이었지요. 그런데 아이의 말만 듣고 곧바로 따지는 게 아니라 교사의 협조를 구하시는 학부모님을 보고는 참 감사했습니다. 심지어 억울함을 호소하는 아이를 두고 교사의 편에서 먼저 생각해 주시다니 마음이 뭉클하기까지 했습니다. 이렇게 나를 신뢰해 주시는 만큼 선생님으로서 더 책임감을 안고 노력해야겠다고도 다짐하게 되었습니다.

아이의 학교생활에 대해 학부모님과 긴밀하게 소통한다는 것이 결코 쉬운 일은 아닙니다. 바쁘게 돌아가는 교실에서 매일같이 아이들의 모습을 관찰하고 기록하는 일은 귀찮고 버겁게 느껴지기도 합니다. 하지만 소통으로 학부모님의 마음을 얻는다면 그 보람도 정말 크다고 확신합니다. 학부모님의 마음을 얻는다는 건 단순히 선생님의 만족이나 자랑거리가 아니라 숨은 후원자가 얻는 것과 같거든요. 선생님의 교육 활동에 전적으로 동의하고 지지하는 후원자가 있다면 선생님이 이끄는 교실은 더 힘을 얻어 순항하게 될 것입니다.

더 섬세해야 할
선생님의 언어

교사와 학부모는 가정과 교실이라는 서로 다른 둥지에서 같은 아이들을 품고 살아가는 사람들입니다. 떼려야 뗄 수 없는 관계임이 분명하지만 동시에 조심스럽고 어려운 관계이기도 합니다. 그래서인지 학부모와는 적당한 거리를 두는 게 현명하다고 조언하시는 선배 선생님들도 많이 계셨습니다.

특히나 관심이 필요한 학생의 부모님과 소통하는 일은 훨씬 어렵습니다. 누구나 싫은 소리에는 거부감이 드는 것이 당연하겠지요. 설령 그것이 진실이라 하더라도 자기 자식에 대한 부정적인 평가를 늘어놓는 담임 선생님의 이야기를 기분 좋게 들을 학부모는 아무도 없습니다. 그렇다고 아이의 문제 행동을 모른 척 덮어 주는 것도 곤란합니다. 학부모와 협력적인 관계를 유지하면서 아이의 부정적인 상황을 공유하는 일은 꼭 필요한 과정입니다.

아이에 대한 칭찬이 아닌 잘못을 질책하기 위해서 교사가 연락한다면 부담 갖지 않을 학부모가 있을까요. 일단은 아이에게 어떤 어려움이 있는지 걱정되기도 하고 궁금한 게 당연한 마음이겠지요. 하지만 선생님을 힘들게 하는 아이들의 부모님은 해마다 같은 상황을 반복적으로 겪었을 가능성이 크기 때문에 교사에게 방어적인 태도로 대하실 때가 많습니다.

선생님도 사람인지라 문제 행동으로 여러 사람을 힘들게 하는 학생의 부모님께 그저 좋은 감정만 가지기는 어렵습니다. 그것이 선생님 본인도 의식하지 못하는 사이에 감정적인 어휘나 표정으로 드러나게 되면, 학부모님도 기분이 언짢아지고 결과적으로 상담에 긍정적인 성과를 기대하기 어려워집니다. 이렇듯 서로가 만족하기 위한 소통은 참으로 민감하고도 어렵습니다.

교직에는 본뜻과 조금 다른 의미로 '적자생존'이라는 말이 있습니다. '적는(기록하는) 사람만이 살아남는다'는 뜻이지요. 평소 기록하는 습관을 들이면 학생 상담과 학부모 상담, 생활교육, 사고 시 대처, 평가 등에 두루 유용하게 활용되기 때문에 기록하는 습관은 매우 중요합니다.

신규 때는 이런 기록을 문제 학생에 대한 증거로 사용하는 데에 몰두했습니다. 아이가 수업을 방해하거나 다른 친구들에게 피해를 주는 일, 또는 잘못된 행동을 하면 자세히 기록해 두었다가 학부모 상담 때 알려 드린 적이 많았습니다. 객관적인 기록이 중요하다고도 배웠고, 어려움이 많은 아이를 어르고 달래서 동행해야 하는 여정에 부모님의 협조가 없어서는 안 된다고 생각했거든요.

'아이가 학교에서 어떻게 생활하는지 잘 모르시는 것 같아서 자세히 알려 드리는 거니 가정에서도 함께 관심을 가지고 지도해 주세요.'

선생님의 속마음은 사실 이런 건데, 그걸 제대로 받아들이지 못하는 학부모님이 많으셨습니다.

'선생님은 우리 아이를 미워하고 불편한 존재로 여긴다.'

'선생님의 눈에는 아이의 단점밖에 안 보이는 걸 보니 우리 아이는 찍혔나 보다.'

아이의 문제는 학교와 가정이 함께 노력해야 좋아질 수 있다고 믿었기 때문에 객관적인 기록을 바탕으로 협조를 구하려던 것인데, 그 의도가 제대로 전달되기 어렵다는 걸 자주 느꼈습니다. 아이의 문제를 슬기롭게 풀어 나가려고 노력했는데, 저에 대한 학부모님의 부정적인 감정만 깊어져 답답하기도 했지요. 그런데 그게 과연 학부모님 탓이기만 했을까요? 그때의 제 소통 방식을 돌이켜 보면 이런 식이었던 것 같습니다.

'학교에서 아이가 이렇게 행동하는데 집에서는 그 심각성을 알고 계시냐, 아이가 똑바로 행동하게 해결해 달라.'

지금 와서 보니 일방적이고 공격적인 태도였습니다. 아이를 키우면서는 아이의 마음이 아픈 만큼 학부모님의 마음도 아프다는 걸 어렴풋하게나마 이해할 수 있었습니다. 선생님이 아이에 대해 고민하는 것만큼, 학부모님도 깊은 고민을 안고 키우셨던 것이지요. 먼저 그간 학부모님이 겪으신 아픔에 공감해 드리며 함께 해결 방법을 찾아가자고 말씀드리는 게 중요하다는 걸 깨달았습니다. 가정과 학교에서 따로, 또 같이 노력해 보자는 의지를 보이는 것도 중요했습니다.

"준수가 화가 나면 자기도 모르게 주먹이 먼저 나가는 일이 많아서요. 오늘 심호흡을 크게 하고 마음을 진정시켜 보라고 알려 주었어요. 열심히 따라 하려고 나름대로 노력하더라고요. 처음부터 쉽게 되지는 않겠지만 주변에서 자꾸 이야기하면서 다독여 주면 도움이 될 거예요. 당장 고쳐질 수는 없겠지만 집에서도 반복해서 연습할 수 있게 지켜봐 주시면 준수도 힘을 낼 수 있을 것 같아요."

"윤미가 기분이 상하는 일이 생길 때 욱하는 일이 잦아서요. 며칠 전에는 욱하는 마음이 들려고 하면 친구에게 먼저 자신의 기분을 이야기하고 왜 기분이 나쁜지 솔직하게 말해 보자고 함께 다짐했어요. 그렇게 하니 친구들도 상황을 더 받아들이기 쉬워했고요. 앞으로도 꾸준히 연습하기로 저랑 약속했는데 잊지 않고 애써 줘서 너무 대견해요. 꾸준히 해 나갈 수 있도록 가정에서도 많이 격려해 주세요."

이렇게 힘을 합쳐 노력하자는 말은 가정에 모든 책임을 떠넘기는 일방적인 말보다 훨씬 받아들이기도 편하고 설득력이 있었습니다. 같은 뜻이라도 표현의 차이가 주는 결과는 어마어마했습니다. 우리 아이에게 비난과 지적으로 일관하는 교사를 반가워할 학부모는 아무도 없을 것입니다. 제가 학부모라도 먼저 마음을 만져 주는 선생님의 따뜻한 공감이 더 반가울 것 같거든요. 이렇게 학부모님의 마음이 열리면 선생님을 믿고 우리 아이를 학교에 맡겨도 되겠다는 생각이 들지 않을까요?

학부모가 되고 나서 알게 된 점이 있다면, 저도 선생님과 상담하는 일이 떨리고 긴장된다는 사실이에요. 내 아이를 충분히 알고 있다고 생각하면서도 학교에서는 집에서 볼 수 없던 또 다른 얼굴로 생활하고 있는 건 아닐지, 선생님의 입에서 어떤 이야기가 나올까 기대되기도 하고 긴장되기도 합니다. 그리고 선생님이 아무리 긴 시간 칭찬을 해 주셔도 대화의 마지막에 조심스레 짚어 주시는 부정적인 평가 하나에 온 신경이 곤두서곤 하지요. 그게 학부모님의 마음일 겁니다. 수많은 학부모님을 상대하는 교사인 저도, 막상 학부모의 입장이 되어 보니 선생님의 단어 하나하나에 의미를 부여하게 되더라고요. 그걸 경험하고부터, 선생님으로서 사용하는 언어를 더 섬세하게 다듬어야 한다는 사실을 절감했습니다.

*

　학부모님이 최대한 상처받지 않으면서 교사의 의도를 곡해 없이 받아들이게 하는 데 언어와 말투는 많은 영향을 미칩니다. 누구라도 자신의 감정이 존중받는다고 느끼면 소통은 훨씬 수월해질 거예요. 선뜻 나누기 쉽지 않은 민감한 이야기에는 정제된 언어로 최대한 선생님의 진심이 잘 느껴지도록 의도를 전달하는 것이 상담의 핵심 열쇠일 것입니다.

　아이의 문제 행동을 전달할 때는 문제 행동과 태도를 객관적으로 전달하면서도 부정적인 뉘앙스를 주는 단어를 피하여 최대한 완곡하게 표현하는 것이 제가 생각하는 첫 번째 소통의 기술입니다.

　가령, 어떤 아이가 수업에 관심이 없고 전혀 집중하지 않는 것이 문제라면, '집중력이 떨어지고 딴짓을 많이 한다'라고 말하기보다 '수업 시간에 연필이나 지우개 같은 걸 만지작거리는 경우가 많이 있다'라고 완곡하게 표현하는 것이 더 부드럽게 들리겠지요. 수업과 관련 없는 말을 자꾸 해서 흐름을 끊고 방해하는 아이라면, '자기의 생각이나 느낌을 표현하기 좋아해서 수업 중에도 말하고자 하는 욕구가 매우 강하다'라고 하면 듣는 사람도 거부감이 덜합니다. 평가나 비난의 표현이 배제된 객관적인 사실 전달이니까요.

　공격적이고 부정적인 어감을 주는 단어만 피해서 말해도 아이의 문제 행동에 대한 부정적인 느낌이 많이 줄어드는 게 느껴지시나요? 이런 대화의 기술만으로도 교사의 말에 학부모님의 태도가 훨씬 유연해진다는 것을 많이 경험하였습니다.

제가 생각하는 두 번째 소통의 기술은 하교 후 10분의 골든타임을 활용하는 것입니다. 아이에 대해 학부모님께 특별히 말씀드릴 사항이 있다면, 아이가 집에 도착하기 전에 먼저 연락을 드리는 것입니다. 학부모님의 입장에서는 선생님께 이야기를 전해 들어서 미리 알고 있는 것과 아이의 입으로 먼저 듣는 것은 아주 다른 문제거든요. 학교에서 이런 일이 있어서 걱정하실까 봐 연락드렸노라고, 아이가 집에 도착하면 한번 살펴보고 이야기 나눠 보시라고 간단하게 언질만 드려도, 학부모님은 아이의 말에 훨씬 유연하게 반응하십니다. 만약 전화가 부담스럽다면 문자 메시지도 괜찮습니다.

학부모님이 아이에게 어떤 일에 대해 듣기 전에 교사의 관점에서 먼저 전달하는 과정은 매우 중요합니다. 초등학생 아이들의 발달 특성상 전체 맥락을 정리해서 전달하는 능력이 부족하기도 하고, 자기 입장에서만 해석한 일을 과장하여 말하는 경우도 많아서 이야기가 잘못 전달될 가능성도 크기 때문이지요.

이런 과정이 결여하면 교사가 아이에게 별로 관심도 없고 제대로 신경 쓰지도 않는다는 인상을 남길 가능성이 큽니다. 교사의 의도와는 다르게 상황을 오해하게 될 수도 있지요. 때로는 사소한 오해에서 시작된 불신이 학부모님과 갈등으로 이어지는 걸 생각하면, 작은 것을 놓쳐 불필요한 오해와 마찰을 만들 필요는 없을 것입니다. 막무가내로 화부터 내거나, 자녀의 입장만 고집하거나, 다른 아이와 교사 탓을 하는 등 대부분의 갈등은 아이의 말을 먼저 듣고 오해하기 때문에 생기는 경우가 많습니다. 그러니 하교 후 10분의 시간만 잘 활용하면 불필요한 오해를 줄이고 슬기롭게 소통할 수 있습니다.

학부모님과 나누는 상담이나 소통의 궁극적인 목적은 아이를 지적하고 평가하기 위함이 아니라, 아이의 문제 상황에 어떻게 다가가고 대처해야 할지 함께 고민하고 해법을 찾기 위함입니다. 이런 선생님의 진심이 곡해되지 않고 학부모님께 잘 전달될 수만 있다면, 학부모님도 선생님의 노력에 분명히 협조적으로 응해 주실 겁니다.

서로 신뢰하고 함께 길을 찾아가는 것, 그 시작은 슬기로운 소통입니다.

오늘의 교실 상담소 - 선생님의 고민과 아이들의 솔루션!

Q. 흥분하면 자기도 모르게 욱하는 아이는 어떻게 도와주어야 할까요?

제가 울컥했을 때나 친구랑 싸웠을 때 작년 담임 선생님이 둘이 화해하게 도와주셨어요. 화 안 내고 말씀해 주신 게 가장 좋았어요. 그러니까 화내지 말고 이야기로 해결해 주면 좋겠어요. 욱하는 아이들도 그러고 싶어서 그러는 건 아니에요. 고치려고 하는데 잘 안 될 때도 있어요. 근데 선생님이 화내고 큰소리치면 기분만 나쁘고 더 참기가 힘들어요. 아니면 그냥 억지로 사과하는 거예요. 친구랑 싸울 때도 잘못한 친구만 혼내고 사과하게 하는 것보다 당한 친구와 잘못한 친구가 둘이 서로 잘 얘기해 보게 도와주시면 잘못한 친구도 기분 나쁘지 않게 사과할 수 있어서 좋아요. 그러니 꼭 화를 내지 말고 이야기로 해결해 주세요. 그러면 아이들이 좋아할 거예요.

박재영

그 아이 어때요?

1년 중 담임 선생님들이 제일 떨리는 때가 언제인지 아시나요? 새로운 아이들을 만나게 되는 3월의 첫날도 그렇겠지만, 아마도 2월 말 학생들의 이름이 적힌 반 배정 봉투를 받아 들 때가 아닐까 합니다. 그 결정으로 담임 선생님으로서의 1년이 결정된다고 해도 과언이 아니니까요. 10년이 넘는 경력을 가진 저에게도 아직 설레고 긴장되기는 마찬가지인 순간입니다. 어떤 아이들이 우리 반에 와서 나와 마주하게 될까 하는 기대도 있지만, 또 어떤 아픔을 가진 아이들과 만나게 될까 하는 두려움도 크기 때문이지요.

아이들이 선생님을 선택할 수 없는 것처럼, 담임 선생님도 우리 반 아이들을 마음대로 결정할 수 없다는 이유로 설레고 걱정된다는 걸 아이들은 알까요? 그래서 인연이라는 말이 더 소중하게 느껴지는 건지도 모르겠습니다. 선생님들이 새 학기에 만나게 될 아이들에 대해 기대하고 걱정하는 만큼, 어쩌면 그보다 훨씬 더 많이, 아이들도 새로운 선생님에 대해 기대하고 걱정하고 있겠지요. 만약 담임 선생님이 저라서 아이가 실망한다면 과연 저는 얼마나 태연할 수 있을까요? 역지사지라는 말처럼 새로운 선생님이 마음에 들지 않아 속상한 아이의 입장이 되어 봅시다. 선생님 마음에 들지 않는 아이라고 함부로 한숨 쉬어서는 곤란하겠지요. 동시에 저 역시도 봉투를 열어 아이들의 이름을 확인하고는 실망과 탄식을 연발했던 지난 과거를 반성해 봅니다.

반 배정이 되는 날, 작년 담임 선생님을 찾아가 조언을 구하는 선생님들도 많으실 겁니다. 저도 그럴 때가 많으니까요. 어떤 학교는 지난해 담임 선생님과 올해 담임 선생님이 만나 '관심이 필요한 학생'에 대해 대화 나누는 시간을 따로 두기도 한다더군요. 관심이 필요한 아이에 대해 이야기 나누는 이유는, 그 아이를 더 잘 이해하여 새로운 교실에서 새로운 선생님과 적응하는 데에 도움을 주려는 목적이 큽니다. 그러나 부작용도 분명히 있다는 걸 알았으면 좋겠습니다. 교육학에서 말하는 '낙인' 때문입니다. 선생님이 색안경을 낀 눈으로 아이를 대하게 될지도 모르니 위험하다는 것이지요.

만약 어떤 아이의 부정적인 정보를 미리 알고도 그 아이를 편견 없이 대할 자신이 있다면 괜찮습니다. 하지만 그럴 수 없을까 봐 염

려된다면 학생에 대한 사전 정보나 조언을 듣지 않는 편이 오히려 나을 수도 있습니다. 아이는 새로운 선생님을 만날 기대로 부풀어 있을 텐데, 얼굴을 마주하기도 전에 선생님의 마음속에 그 아이가 이미 부정적인 이미지로 각인되어 있다면 그건 아이에게 너무 가혹한 일일 테니까요.

그래도 아이에 대해 미리 알고 있는 게 좋겠다는 생각이 든다면, 그 아이의 특징을 파악하는 데만 몰두하지 말고 지금까지 선생님이 그 아이를 어떻게 지도해 오셨는지 꼭 여쭈어 보는 게 도움이 됩니다. 사실 아이를 대하는 일에 경험만큼 중요한 것도 없거든요. 작년 담임 선생님은 그 학생과 적어도 한 해를 함께 보내신 분이기에 아이를 어떻게 대하는 게 최선인지 나름의 답을 갖고 계실 가능성이 큽니다. 특히 경력이 많으신 선생님들께 아이와 소통하는 요령을 배우고 조언을 듣는 건 돈 주고도 얻을 수 없는 경험이기도 하지요.

"현수는 사과를 잘 안 해서 친구들과 갈등이 많아요."

"정현이는 예의가 없고 욱하는 일이 잦아요."

이렇게 문제 행동만 듣게 되기도 하지만, 사실 아이의 단점은 며칠만 지내 보면 자연스럽게 알게 되기 때문에, 굳이 미리 파악할 필요는 없습니다. 당황하지 않고 마음의 준비를 할 수 있다는 장점은 있겠지만 말이지요. 따라서 아이의 문제 행동에 대해 물어볼 때는 반드시 어떻게 대처하셨는지 물어보는 것이 중요합니다.

"현수가 잘못을 인정하기 싫어해서 친구들에게 사과하기 힘들어

할 때, 혹시 어떻게 대처하셨어요?"

"정현이는 주로 어떤 상황에서 화를 참지 못하고, 그럴 때 진정시킬 방법이 있다면 알려 주실 수 있나요?"

아이들의 얼굴이 저마다 다르듯이 성격도, 아이들과 겪는 문제도, 다가가야 할 방법도 모두 미묘하게 달라서 선생님에게는 3월이 제일 힘든 달임이 틀림없습니다. 스무 명이 넘는 아이들에게 새로 적응하고 맞춰 가야 하는 시간이니까요. 저도 3월이면 매일 녹초가 돼서 집에 돌아오기 일쑤거든요. 어떨 때는 2월 말부터 슬슬 겁이 나기도 합니다. 그래도 한편으로는 설레는 마음으로 집을 나섭니다. 삐걱대기도 하고, 가끔은 음 이탈이 일어나는 순간도 있겠지만 선생님이 관심과 사랑으로 지휘하는 한, 아이들은 화음 만드는 법을 차근차근 배우고 익혀 가리라 믿으니 말입니다.

오늘의 교실 상담소 - 선생님의 고민과 아이들의 솔루션!

Q. 자기주장이 강해서 친구들의 의견을 잘 받아들이지 못하는 친구는 어떻게 도와주면 좋을까요?

저는 그런 친구가 있을 때 선생님이 '자기 의견과 주장도 물론 좋지만 다른 친구의 의견도 들어 보는 게 어때?' 이렇게 말씀해 주셨고 그 방법이 효과가 있는 것 같았어요! 일단은 부드럽게 타이르는 방법이 좋을 것 같고, 주장이 강하다고 해서 무섭게 혼내고 왜 그랬냐고 묻기보단 천천히 그 친구에게 설명해 주세요. 예를 들자면 모둠 활동 시간에 역할극을 해야 하는데 하고 싶은 역할을 양보하지 않고 짜증을 낸다면 그 친구를 일단 진정시키고 상황을 물어본 다음, 갈등이 생긴 친구와도 함께 얘기해 보는 게 좋을 거예요. 그렇다고 또 무조건 선생님이 해결해 주시기만 하는 것보다는 그 아이에게도 친구들과 스스로 다시 이야기해 보라고 기회를 주시면 더 좋아요. 많이는 아니어도 조금씩 조금씩 성장하는 게 중요하니까요.

이정윤

3부

발맞춰
걷는 즐거움

"아이들은 가슴속에 저마다의 세상을 안고 살아갑니다.
선생님으로 산다는 건, 마음속에 그런 아이들의 세상을
함께 품고 지내는 것 같습니다."

영환이의
귓바퀴

영환이의 어머니는 필리핀 분이셨습니다. 하지만 외모로는 알 수가 없어서 처음 보는 친구들은 영환이가 먼저 말하기 전까지 다문화 가정 학생이라는 걸 모를 정도였지요.

언어가 유창한 편이 아니었던 영환이는 말을 많이 하지는 않았지만 외로운 친구는 아니었습니다. 조용했지만 주변에 늘 친구들이 많았기에 저는 영환이에게 어떤 매력이 있는지 관찰해 보았습니다. 그러다가 영환이가 제일 잘하는 일이 친구들의 이야기를 들어주는 것임을 알게 되었습니다. 잘 들어 주고 공감해 주는 영환이의 특별한 능력 덕분에 주위에 영환이를 믿고 좋아하는 친구들이 자연스럽게 모였던 거지요.

영환이는 귀를 다 덮을 정도로 덥수룩하게 머리를 늘어뜨리고 다녔습니다. 이발을 좀 했으면 좋겠다는 생각이 자주 들었지요. 하지만 이상하게 미용실에 다녀오는 날에도 옆 머리카락을 짧게 다듬고 오는 걸 보지는 못했습니다. 그래도 긴 머리카락으로 가려진 얼굴에는 늘 웃음이 묻어 있었어요. 화내거나 짜증 내는 얼굴을 본 적이 없을 만큼 항상 긍정적인 영환이였고, 어려워하는 친구가 있으면 선뜻 손 내밀어 주는 친절한 아이였습니다.

그런 영환이의 비밀을 알게 된 건 바람 때문이었습니다. 초여름 운동장에서 체육 수업을 하던 날이었습니다. 갑자기 불어온 세찬 바람 때문에 아이들의 머리카락이 사정없이 날렸습니다. 시원한 바람에 덥수룩한 머리카락으로 가려졌던 영환이의 귀가 모습을 드러냈을 때, 바로 옆에는 마침 제가 있었습니다. 처음으로 영환이의 귓바퀴를 보고 잠시 의아했습니다. 많이 일그러진 모양의 귓바퀴가 보였기 때문입니다. 놀란 마음을 숨기고 아는 척하지 않았습니다. 다행히도 아이들은 서로의 헝클어진 머리카락을 보고 웃어 대느라 눈치채지 못한 듯했습니다.

소리를 모으는 역할을 하는 귓바퀴가 제대로 만들어지지 않았으니 영환이에게는 소리를 듣는 일이 남들보다 분명히 더 힘들었을 겁니다. 그런데도 영환이는 누구보다 열심히 다른 사람들의 말을 들어 주려 노력해 왔던 겁니다. 자신이 잘할 수 있는 일이 아니었는데도 최선을 다해서 말이지요. 그간 친구들의 이야기에 귀 기울이던 영환이의 모습이 기억을 스치면서 마음이 아렸습니다. 하지만 아는 척하지 않는 게 최선이라 생각했고 이후로도 아이들은 눈치채지 못했기에 자연스럽게 저와 영환이만의 비밀이 되어 버렸습니다.

그렇게 몇 달이 지났습니다. 하루는 방과 후에 영환이와 이야기를 나누게 되었습니다. 업무 실수를 한 탓에 교무실에서 쓴소리를 듣고 오던 길이었지요. 그날따라 몸도 피곤하고 수업도 힘들어서 기운이 없었는데 실수까지 겹치니 마음이 무거웠습니다.

"어, 영환이 아직 집에 안 갔구나. 선생님이 오늘 실수해서 교감 선생님한테 많이 혼났어. 정말 우울하네."

"선생님들도 혼날 때가 있어요? 선생님이 되면 아이들을 혼내기만 해서 좋을 줄 알았는데."

선생님이 혼났다는 사실이 영환이에게는 신기하게 느껴지는 모양이었어요.

"당연하지. 선생님들도 잘못하면 교장, 교감 선생님께 많이 혼나. 실수하면 너희들처럼 야단맞는 거 똑같아. 오늘 선생님이 혼난 건 진짜 속상해서 영환이한테만 말하는 거니까 다른 친구들한테는 이야기하면 안 된다. 알았지?"

입이 무겁고 믿음직한 영환이였기에 가능한 수다였습니다. 선생님의 어른답지 않은 푸념도 감싸 줄 줄 아는 속 깊은 아이. 다른 아이들도 이런 매력 때문에 영환이를 좋아하는 건지도 몰랐습니다. 함부로 하지 못하는 속 이야기를 술술 하게 만드는 마법 같은 능력

말이에요. 가만히 듣고 있던 영환이가 머뭇거리더니 말했습니다.

"근데요, 선생님이 비밀 알려 줬으니까 저도 비밀 하나 알려 줄까요? 그래야 공평하잖아요. 있잖아요. 저는 귀가 이상하게 생겼어요. 보세요. 히히."

머리카락을 손으로 쓸어 넘겨 귀를 보여 주던 영환이는 멋쩍은지 어색한 웃음을 지어 보였습니다.

"아, 그렇구나. 영환아, 근데 하나도 안 이상해. 그냥 좀 다르게 생긴 건데 뭐."

갑작스러운 고백에 어떻게 반응하는 게 가장 좋을지를 생각하느라 머릿속은 바쁘게 돌아갔지만, 그래도 나름 괜찮게 답했던 것 같습니다. 혼자만 간직했던 아픈 비밀을 선생님에게만 알려 주는 영환이가 안쓰러우면서도 고마워서 코가 시큰해졌지요.

"선생님, 근데 다른 친구들한테는 얘기 안 할거죠? 선생님한테만 보여 준 거거든요."

"그럼! 선생님한테만 보여 주는 거라니 완전 영광인데? 선생님 입 엄청 무거워. 아무한테도 말 안 할 테니까 걱정하지 마. 약속!"

비밀을 공유하게 된 우리는 새끼손가락까지 걸었습니다. 영환이는 그제야 안심이라는 듯 만족스럽게 웃었어요. 그런 아픔을 껴안고 기특하게 자라 온 영환이가 너무 대견해서 꼭 안아 주었습니다. 그리고 마음으로 속삭였지요.

'영환아, 네 아픔을 함부로 가볍게 여기지 않을게. 절대로. 앞으로

도 지금처럼 밝고 씩씩하게 자라 주렴.'

그날 영환이가 갑작스레 비밀을 알려 준 이유는 자기만의 방법으로 저를 위로하기 위해서가 아니었을까, 생각합니다. 우리는 힘들 때 서로의 아픔을 공유하면서 타인에게 힘이 되어 주기도 하니까요.

어쩌다 아이들의 비밀을 알게 되는 순간, 선생님과 아이는 더 단단한 끈으로 연결되기 시작합니다. 그 끈을 꼭 잡아 주려는 노력이 있다면 아이들의 시간은 더 행복해질 수 있을 겁니다. 영환이의 귓바퀴에는 무심한 듯하면서도 사실은 아주 간절한 이야기가 숨어 있을지도 모릅니다. 영환이의 선생님이라는 사실이 눈부시게 행복한 순간인 동시에, 그동안 영환이가 걸어온 시간까지도 껴안을 수 있었던 무척이나 따뜻한 날이었습니다.

오늘의 교실 상담소 - 선생님의 고민과 아이들의 솔루션!

Q. 친구를 사귀기 어려워하거나 쉬는 시간에도 혼자 있는 아이는 어떻게 하면 다른 친구들과 잘 어울리게 될까요?

새로 반이 바뀌면 누구나 어색할 수 있어요. 먼저 말 거는 걸 어려워하는 친구들에게 다른 아이들이랑 어울릴 수 있는 기회를 많이 주시면 좋아요. 저도 먼저 다가가는 게 어려운 편인데 4학년 때 선생님이 교실 놀이를 많이 해 주셔서 친구들이랑 친해질 수 있었어요. 교실 놀이를 하면 재미있어서 흥미도 느끼고 친구들이랑 자연스럽게 대화를 하게 되니까 별로 안 친했던 친구랑도 가까워질 수 있거든요. 저는 교실 놀이 덕분에 단짝 친구도 생겼어요. 맨날 놀던 친구들이랑만 노는 게 아니라 다른 친구들이랑도 말을 하게 되기 때문에 그런 기회를 자주 만들어 주시면 여러 친구가 함께 어울릴 수 있어서 쉬는 시간에 혼자 남는 친구가 없을 거예요.

신유진

콰이어트(Quiet):
조용한 아이들

　서영이라는 졸업생에게서 메시지를 받은 날이었습니다. 잊고 지냈던 예전 제자들의 연락은 늘 가슴 벅차고 반가운 일이지만, 그날은 조금 달랐습니다. 서영이가 누군지 기억나지 않았기 때문입니다. 제 경력이 수십 년인 것도 아니고, 매해 쉬지 않고 담임을 한 것도 아닌데, 고작 몇 년 전에 함께했던 제자가 떠오르지 않는 상황이 당황스러웠습니다.

　일단은 그 아이에게 너무 미안한 마음이 들면서도, 네가 누군지 잘 모르겠으니 자세히 설명해 달라고 할 수도 없는 노릇이라 이러지도 저러지도 못하고 있었습니다. 세상 반가운 이모티콘을 보내며 그동안 어떻게 지내셨냐고, 자기는 잘 있다고, 선생님이 너무 보고 싶다고 말하는 아이에게 그렇게 물어보는 건 너무 무례한 일이니까요. 짐짓 기억나는 척하며 누가 들어도 어색하지 않을 그저 그런 평범한 대답을 골라 하느라 진땀을 빼고 있었습니다. 그러면서 그 아이를 기억해 낼 만한 단서를 찾기 위해 단어 하나하나에 집중했습니다.

"선생님, 저 그때 되게 조용했죠? 대답 좀 길게 하라고 선생님이 저한테 계속 말 걸어 주셨잖아요."

"(역시, 조용했던 아이였구나. 그래서 쉽게 생각이 나지 않는 거였어. 외향적인 아이였다면 몰랐을 리가 없는데.) 그래 서영아, 그랬지. 요즘은 어때? 잘 지내지?"

"지금은 좀 나아졌어요. 대학교에 와서는 친구들도 많이 사귀었어요."

좀 나아졌다고 말하는 서영이의 표현에 왠지 마음이 무거웠습니다. 이렇게 듣고 보니 마치 제가 '조용'한 성격을 나아야 할 '병'처럼 알려 준 것만 같았습니다.

"그리고 학급 장터 할 때 선생님이 제 도시락도 사 가셨는데, 기억나세요?"

'도시락'이라는 단어를 듣는 순간 서영이의 얼굴이 떠올랐습니다. 참으로 다행이었습니다.

서영이는 우리 반에서 목소리가 제일 작았던 아이, 늘 단답형으로만 대답하던 아이, 한마디 들으려면 가까이에서 귀를 기울여야만 했던 아주 내성적인 아이였습니다. 그런 서영이가 학급 장터에 도시락을 갖고 왔었는데, 하필 너무 작은 아기용 도시락이라 아무도 사지 않았던 것입니다. 혹시 실망하지 않을까 싶어 제가 샀던 것을 당시 어린이집에 다니던 딸아이가 소꿉장난하며 잘 가지고 놀았던 터라 기억에 남는 물건이었습니다.

기억을 떠올리고 보니 저와의 추억을 간직해 준 서영이가 새삼 반가웠습니다. 늘 조용하던 서영이에게 거의 마음을 쓰지 못했는데…. 외향적인 아이들이나 관심이 필요한 학생들에게 에너지를 쏟느라 바쁘다는 핑계로 관심 가져 주지도 못했는데. 이름조차 기억 못 할 만큼 무심했던 저를 떠올리고 연락해 준 서영이 때문에 마음 한구석이 찡했습니다.

3월이 되기 전까지는 아이들 하나하나를 봐 주고 싶은 마음이 가득합니다. 그런데 막상 새 학기가 되고 몇 주만 지나 보면 그 마음은 온데간데없고 몇몇 관심 학생에게만 신경 쓰고 있는 제가 보였습니다. 그리고 별일 없이 조용히 잘 지내는 아이들의 세계에서는 점점 멀어지고 있다는 걸 느끼게 되지요.

먼저 손 드는 일이 없어서 시켜야만 겨우 발표하고 모둠 활동에서도 의견을 말하기보다 다른 친구들의 말을 주로 경청하는 아이들, 손 가는 일을 만들지도 않으며, 종알종알 자기 얘기를 하러 오는 일도 거의 없는 조용한 친구들은 어느 반에나 있습니다. 이런 아이들은 수업 중 선생님의 농담에도 크게 소리 내어 웃는 대신 희미한 미소로 대답하곤 하지요. 제 입장에서 조금 이기적으로 말하면, 정글 같은 교실에서 숨통을 틔워 주는 고마운 아이들이라고 할 수 있습니다.

교실에서 지내 온 긴 시간 동안 이런 내향적인 아이들에게 시선을 많이 주지 못했다는 걸, 순전히 서영이 덕분에 깨달았습니다. 조용한 아이들은 그렇지 않은 아이들에 비해 저와 소통하는 일이 적다 보니, 시간이 지나면서 더 쉽게 잊은 건 어쩌면 당연한 일이었을지도 모릅니다.

그런데 생각해 보면, 모든 사람이 외향적일 필요는 없습니다. 세상의 모든 아이가 외향적이라면 교실은 아마 정신이 하나도 없을 겁니다. 발표할 기회가 있을 때마다 전부 손을 들어 차례를 기다리고, 반장 선거를 할 때마다 모두가 후보로 나오는 교실은 별로 상상하고 싶지 않습니다. 바람직한 방향이라고 생각하지도 않고 말이지요. 모두가 반장이 되고, 주인공이 되고 싶어 하는 마음은 이해하지만, 어떤 누군가가 돋보일 수 있는 건 배경이 되어 주는 다른 누군가가 있기 때문입니다.

언젠가 소박한 느낌이 드는 동네 책방을 들른 적이 있습니다. 잔잔한 커피 향과 소소한 볼거리 덕분에 마음이 편안해지는 곳이었지요. 그곳에서 흔히 말하는 베스트셀러는 찾을 수 없었습니다. 세상에 큰 소리를 내는 유명 작가들 대신 작은 소리로, 작은 몸짓으로 이야기하는 사람들의 책으로 가득했거든요. 내가 가진 능력이 하찮고 특별할 게 없다고 생각하는 아이들, 혹은 그저 수줍음이 많아 사람들 앞에 나서길 주저하는 아이들에게 말해 주고 싶었습니다. 사람이 살아가는 모습은 모두 다르다고요. 대형 서점 같은 화려함을 좋아하는 사람도 있지만, 동네 책방에서만 느낄 수 있는 정겨움에 더 끌리는 사람도 있다는 것을요. 대형 서점에서는 그냥 지나칠 것들도 동네 책방에서는 눈여겨볼 여유가 있다고요.

수전 케인이 쓴 『콰이어트(Quiet)』라는 책에는 시끄러운 세상에서 조용히 세상을 움직이는 내향적인 사람들의 이야기가 그려져 있습니다. 그 책을 좀 더 일찍 만났더라면 저는 조용한 아이들을 더 잘 이해하는 선생님이 되었을지도 모르겠습니다. 아이들의 성격에 대해 더 균형 있는 시각을 가졌을 테니까요. 저 자신도 그렇게 외향적인 성향이 아닌데도, 예전에는 교실에서 스스로 발표하지 않거나 소극적으로 의견을 내는 아이들을 보며 답답함을 느꼈던 적이 많았습니다.

'자기 생각을 이야기하는 걸 왜 저렇게 어려워할까?'
'더 적극적으로 생활하면 학교가 훨씬 신나고 재미있을 텐데⋯.'
내향적인 아이들에 대한 의문으로만 가득했지요. 하지만 책을 읽으면서 조용한 학생들에게 느꼈던 고민과 답답함을 새로운 시선으로 볼 수 있었습니다. 내향적인 성향의 아이들에게는 남들에게 없는 큰 무기가 있었습니다. 바로 다정함과 신중함이었습니다. 여기에 공감하게 된 것이 제게는 교사로서 큰 성장이었습니다.

모든 사람에게는 저마다 이상적으로 느끼는 자극의 강도가 다르다고 합니다. 그것을 이상하다고 여기지 않고 '다름'으로 받아들일 줄 아는 사람들이 많아질수록 더 배려 깊은 세상이 될 수 있을 것입니다. 그런데 적어도 제가 느끼기에 우리는, '외향적'이나 '내향적'이라는 단어 하나로 아이들의 성격을 단순화하여 긍정적이다, 부정적이다로 판단해 버리는 경우가 많은 것 같습니다.

오랜 시간 학부모님과 상담을 하면서 이런 편견을 더 확실하게 느낄 수 있었습니다. 외향적인 성향을 지닌 아이의 학부모님은 그런 성격을 자랑거리로 여기고 지지하지만, 반대로 내향적인 아이의 경우에 그런 성향에 만족해하는 분은 거의 만나지 못했습니다. 아쉬워하고 걱정하는 경우가 대부분이었지요. 심할 때는 고쳐야 할 치명적인 결함으로 여기는 분들도 계셨습니다. 그렇게 무심코 재단된 어른들의 시선 안에서 내향적인 아이들은 무의식적으로 부정적인 자아를 키워 왔을지도 모릅니다.

수업 시간에 수다를 참기 힘들어하는 민수에게 어느 날 주의 준 적이 있습니다. 타고난 외향성으로 늘 관심받는 것을 좋아했고 수업 중에도 머릿속에 떠오른 생각을 불쑥불쑥 입으로 내뱉어야 직성이 풀리는 아이였지요. 한번은 수업 중에 이렇게 말해 주었습니다.

"민수야, 그런 말은 마음속으로 해야지. 다른 친구들도 할 말이 있다고 해서 모두에게 들리게 다 말하진 않아. 한번 생각해 봐."

그러면서 늘 조용하기만 한 내향적인 몇몇 학생들을 둘러보았습니다. 그 아이들을 같이 훑어보던 민수가 대꾸했습니다.

"그건 쟤들이 소심해서 말 못 하는 거잖아요. 얘들아, 너네도 나처럼 하고 싶은 말을 해. 그러면 되잖아, 응?"

그렇게 장난하듯 받아치는 민수의 말 속에서 '소심'이라는 단어가 가시처럼 걸렸습니다. 저도 모르게 힘주어 설명했습니다.

"그건 소심해서가 아니라 수업에 방해가 될까 봐 하고 싶은 말이 있어도 하지 않는 거야. 다른 친구들을 배려하는 거지."

그러고는 내향적인 아이들을 바라보는데 깜짝 놀라고 말았습니다. 아무 반응도 없을 줄 알았던 그 아이들이 격하게 고개를 끄덕이고 있었거든요. 자신들의 내향성을 알아주자 강한 긍정의 신호를 보여 준 겁니다. 민수처럼 하고 싶은 말 다 하는 아이에게 몰두하느라 그동안 헤아리지 못했던 조용한 아이들의 마음이 눈에 보였기 때문이었을까요, 이상하게 마음이 짠했습니다.

내향적인 아이들이 자신의 성향이 결코 나쁘거나 이상한 게 아니라는 사실을 안다면, 용기를 얻고 교실에서 그토록 움츠리며 생활하지 않을 거예요. 조용한 성격 때문에 자기 자신을 답답해하거나 미워하는 아이들을 대할 때면 저는 마음이 아픕니다. 자기도 활발해지고 싶은데 그게 마음대로 되지 않아 화가 난다는 아이도 있고, 더 적극적으로 생활할 수 있게 저보고 도와달라고 말하는 아이도 있어요.

학교에서는 양성평등 교육, 장애 이해 교육, 세계시민 교육 등 '다름과 존중'에 관한 많은 수업을 합니다. 다양한 사람과 세상을 있는 그대로 받아들여야 한다고 가르치지요. 그러나 나와 다른 누군가를 인정해야 한다고 아이들에게는 입버릇처럼 말하면서, 우리는 과연 그렇게 살아가고 있었을까요?

교실에서 내향적인 성향의 아이를 그대로 존중하지 않고 더 활발해지라고, 더 당당해지라고, 혹은 눈치 보지 말고 자신 있게 행동하라고 강요하던 많은 순간에, 아이들은 자신의 조용함을 '나쁜 것'이라 여기고 자존감을 꺾어 왔을지도 모릅니다.

조용하고 내향적인 성향은 그대로 소중한 나의 개성이며 고쳐 나가야 할 무언가가 아니라는 사실을 모두가 알았으면 좋겠습니다. 그러면 내향적인 아이들이 더 많이 자신을 사랑하고 행복해질 수 있을 것 같거든요. 시끄러운 세상에서 자신만의 방식으로 살아갈 힘을 얻을 수도 있을 테지요.

각자 다른 방식으로 피어나고 자라나는 꽃과 풀, 나무를 만나는 건 커다란 즐거움입니다. 정해진 방식으로 손질된 정원도 좋지만, 숲에서는 더 촘촘한 생명력을 느낄 수 있어요. 서로 달라도, 제멋대로 자라나도 숲을 엉망진창이라고 여기는 사람은 없습니다. 이름 모를 많은 것이 어우러져 있다고 표현할 뿐이지요.

아이들도 각자의 모습으로 어우러져 세상이라는 숲을 만들어 갑니다. 저는 오늘도 교실에서 다양한 아이들을 있는 그대로 힘껏 응원하려 합니다.

> 오늘의 교실 상담소 - 선생님의 고민과 아이들의 솔루션!

Q. 발표를 잘 하지 않는 아이에게 자신감을 키워 주려면 어떻게 해야 좋을까요?

발표를 잘 하지 않는 친구가 발표했을 때 잘하지 못하더라도 엄청난 칭찬과 박수를 보내 주면 좋을 거 같아요. 발표했다가 혹시 답이 틀리면 부끄러우니까 발표를 망설이는 것일 수도 있어서요. 그런데 틀리더라도 선생님이 칭찬을 정말 크게 해 주시면 자신감을 가지고 발표하려고 노력하지 않을까요? 그리고 발표를 돌아가면서 전부 다 시키는 걸 자주 해 보시면 발표하는 일에 익숙해질 수 있어요. 계속 발표하다 보면 부끄러움이 줄어들 수도 있거든요. 또 그 친구에게는 쉬운 질문을 자주 해 주시면 좋을 거예요. 그러면 자신감이 생겨서 점점 더 발표를 많이 하게 될 수도 있어요.

강이준

달팽이 친구를
부탁해

    주어진 일을 해결하는 데에 다른 친구들보다 시간이 많이 걸리는 아이들이 반에 한두 명씩은 예외 없이 있습니다. 우리는 그런 친구를 '달팽이 친구'라고 부르지요. 달팽이 친구들의 강점은 무엇일까요? 제가 만났던 달팽이 친구들은 굉장히 성실하고 주어진 일에 묵묵히 최선을 다하는 경우가 많았습니다. 궂은일을 할 때도 꾀부리지 않는 믿음직한 친구들이기도 했지요.

    하지만 수업 시간은 한정되어 있고 달팽이 친구는 대부분 주어진 시간 안에 과제를 해결하기 버거워합니다. 많은 아이가 함께 생활하는 학급에서 모두의 진도를 확인하기란 어려우므로 우리는 보통 아이들의 평균적인 속도에 맞추어 수업을 진행하곤 합니다.

그날도 그런 날이었습니다. 쓰기 활동을 하다가 몇몇 친구들의 발표를 듣고 다음 페이지로 넘어가고 있었지요. 그런데 한 아이가 제게 말했습니다.

"선생님, 한솔이 울어요."

놀라서 보니 한솔이가 정말로 닭똥 같은 눈물을 뚝뚝 흘리고 있었습니다. 한솔이에게 다가가 자초지종을 물어보았지요. 어디 불편한 곳이라도 있냐, 친구가 놀렸냐, 몸이 아프냐, 화장실에 가고 싶냐 등의 질문에 묵묵부답이던 한솔이에게서 눈물의 이유를 듣게 된 건 수업을 마친 뒤였습니다.

"쓰는 걸 다 못 했는데 선생님이 다음으로 넘어가서요. 저도 안 그러고 싶은데 눈물이 나요."

과제를 마무리하고 싶은 마음과 말로 표현하지 못하는 답답한 마음이 뒤섞여 눈물을 쏟았다는 걸 알게 되었지요. 그 뒤로 한솔이는 비슷한 상황에서 몇 번의 눈물을 더 보였습니다. 시간이 더 필요하거나 어려우면 언제든지 편하게 이야기해 달라고 부탁했지만, 한솔이에게는 쉬운 일이 아닌 것 같았어요.

어떻게 하면 좋을지 고심하던 저는 세 가지 방법을 한솔이에게 제시했습니다.

첫째, 친구들의 도움을 받아서 제시간에 마쳐 보기.
둘째, 다른 친구들보다 조금 쉽거나 적은 양의 과제를 해 보기.

셋째, 다 끝내지 못한 과제는 숙제로 해 오거나 방과 후에 남아서 마무리하기.

주의할 점이 있다면, 교사가 독단적으로 정해서 한 가지 방법을 제안하는 것보다는 달팽이 친구들에게 선택지를 주고 본인이 원하는 방법을 고를 수 있도록 하면 좋다는 것입니다. 친구의 도움을 받는 것을 불편해하거나 다른 친구들보다 적은 양의 과제에 자존심 상하는 아이들도 있기 때문이지요. 과제를 일찍 끝낸 친구가 도와줄 때는 항상 '도와줄까?'라고 먼저 물어본 뒤에 달팽이 친구가 수락하면 도와주는 규칙을 정해도 좋습니다. 친구에게 호의를 베푸는 건 분명히 좋은 자세지만, 호의를 받아들이는 상대의 입장을 먼저 헤아리는 것도 배려의 자세라는 점을 가르쳐 주면서요.

두 번째 방법은 이렇게 적용할 수 있습니다. 가령 수업 중 '중심 문장에 대한 뒷받침 문장'을 세 가지씩 찾아 쓰는 활동을 한다고 했을 때, 달팽이 친구에게는 한 문장씩만 찾도록 하는 식으로 수업을 유연하게 운영하는 방법이지요. 대부분의 달팽이 친구가 첫 번째 아니면 두 번째 방법을 선택했는데, 역시나 혼자 남아서 하고 가는 공부는 누구나 피하고 싶은 모양입니다.

문득 달팽이 친구들이 친구의 도움을 받을 때, 제가 도와줄 친구를 지정해 주는 것보다는 달팽이 친구가 도움을 청할 친구를 고를 수 있도록 기회를 주는 게 더 좋겠다는 생각이 들었습니다. 보통 달팽이 친구들은 내향적인 경우가 많아서, 자신이 부담을 느끼지 않으면서 마음 편하게 도움을 받을 수 있는 친구가 누구인지 스스로 잘 알고 있습니다. 그래서 자기를 도와줄 친구를 스스로 선택하는 게 더 안정적으로 과제를 수행하는 데에 도움이 될 수 있습니다.

달팽이 친구가 도움을 준 친구에게 고맙다는 표현을 하도록 가르쳐 주는 일도 잊지 말아야겠지요. 고마움을 표시하는 것만큼 보기 좋은 장면도 없습니다. 기꺼이 도움을 베푼 아이에게 따로 칭찬을 해 주자, 아이는 으쓱해져서 제가 부탁하기도 전에 먼저 도와줄 친구를 찾아다녔습니다.

"친구를 도와주는 주형이가 있어서 선생님은 참 기쁘고 고마워. 다음에도 기회가 되면 또 도와줄래?"

아이들의 교실 생활을 잘 모르는 어른 중에는, 혼자서도 잘하는 아이들은 학교에서 배울 것이 별로 없다고 생각하는 분도 많습니다. 사실 지식을 배울 수 있는 곳이 학교만 있는 것이 아니니까요. 학원이나 과외, 온라인 강의가 널린 시대입니다. 하지만 학교에서는 지식보다 더 중요한 것들을 배웁니다. 아이들은 교실이라는 작은 사회 안에서 다른 사람을 배려하며, 부족한 점은 서로 채워 주고, 더불어 살아가는 방법을 배우고 익히지요. 서툴더라도 자신이 가진 장점들을 살려서 서로 도우며 온기를 만들어 가는 곳이 아이들의 교실입니다. 혼자만 잘하려고 할 때보다 다른 친구를 도와주려고 할 때, 힘을 모아 과제를 해 낼 때 더 많은 칭찬을 받는 일이 당연해지면 아이들은 서로 돕고 힘을 모으는 일에 익숙해질 거예요.

"내가 잘 설명할 수 있는데, 도와줄까?"

"나는 잘 이해가 안 되는데, 좀 가르쳐 줄래?"

"도와줘서 고마워."

"다음에 모르겠으면 또 얘기해."

이런 말들이 자연스러워지는 건강한 교실이 되는 것이지요. 남에게 도움을 주는 일은 시간 낭비가 아니며, 도움을 받는 것이 부끄러운 일이 아님을 아이들에게 알려 줄 수 있는 사람이 바로 우리고요. 도움을 주는 기쁨, 도움을 받는 고마움으로 가득한 교실이라면 분명히 아이들도, 선생님도 모두 행복하지 않을까요?

오늘의 교실 상담소 - 선생님의 고민과 아이들의 솔루션!

Q. 수업 중 과제를 하는 속도가 느려서 시간이 부족한 아이는 어떻게 도와주면 좋을까요?

선생님께서 과제를 늦게 하는 아이에게 빨리할 수 있도록 응원을 해 주시면 어때요? 과제를 빨리 한 친구가 느린 친구를 도와주도록이요. 빨리하라고 다그치지 말고 기다려 주시는 것도 좋아요. 저는 빨리하라고 재촉하면 불안해지고 집중하기가 더 힘들더라고요. 그리고 평상시에 학생들에게 과제를 무조건 빨리하는 게 좋은 건 아니라고 많이 가르쳐주세요. 왜냐하면 적당한 속도로 신중하게 하는 것이 틀릴 확률도 낮고 더 정확하기 때문이에요. 어떤 친구들은 빨리하는 게 잘하는 건 줄 알고 빨리하는 것에만 신경 쓰는 아이들도 있거든요. 선생님이 과제를 빨리하는 친구들을 칭찬하시면 그 아이들은 느리게 하는 친구들이 잘못되었다고 생각할 수도 있어요. 그러니까 빨리하는 것 때문에 칭찬은 안 하셨으면 좋겠어요.

김성윤

오늘의 교실 상담소 - 선생님의 고민과 아이들의 솔루션!

Q. 모둠 활동을 할 때 친구들이 서로 잘 협력하게 하려면 어떻게 지도해야 할까요?

혼자만 하는 것보다 여럿이 힘을 모아서 할 때 칭찬을 더 많이 해 주시면 어떨까요? 학생들에게 서로 협력하면 더 잘 배우게 된다고 꾸준히 계속 얘기해 주시는 것도 좋은 방법이라고 생각해요. 아니면 자리를 정할 때 협력을 잘하는 친구들이 모둠에 골고루 섞이게 하면 자연스럽게 서로 돕는 걸 배울 수 있을 거예요. 다른 친구를 도와주는 학생은 많이 칭찬해 주시고, 도움을 받는 친구에게는 도움을 받는 것이 부끄러운 게 아니라고 알려 주세요. 사람마다 잘하는 게 달라서 서로 양보하고 다른 사람의 의견을 조금씩 받아들여야 한다는 걸 아이들이 알면 싸우지 않고 협력할 거예요. 의견 다툼이 자주 일어나는 아이들은 따로 불러서 얘기를 해 보시면 좋아요. 자기의 의견이 중요한 만큼 다른 사람의 생각도 존중해야 한다는 걸 알려 주시면 자기 의견만 내세우지 않고 협력을 더 잘하려고 노력할 거예요.

정지민

책 읽기의 이유

책 읽기 이야기를 하자면, 성원이가 제일 먼저 떠오릅니다. 책을 참 좋아해서 밥을 먹으면서도 책을 보고 오후에도 교실에 혼자 남아 독서를 하던 아이였지요. 친구들 사이에서도 책을 좋아하는 아이로 유명했고 다른 선생님들도 그런 성원이를 볼 때마다 어쩜 그렇게 책을 좋아하냐며 기특하다고 한마디씩 거들곤 하셨어요. 심지어 장르에 상관없이 골고루 보기까지 했으니 독서에 관해서라면 흠잡을 게 없었습니다.

이쯤 되면 성원이가 얼마나 책을 사랑하는 아이인지 짐작하고도 남으시겠지요. 책을 가까이하는 습관 덕분에 성원이는 상식이 풍부했고 생각도 깊었습니다. 상대를 배려하는 마음이 커서 친구들과 관계도 좋았고요. 그렇게 장점이 많은 아이였지만 사실 성원이는 성적이 아주 좋지는 않았습니다. 대신 요리에 관심이 많았지요. 직접 팬케이크를 구워 와 친구들에게 맛보이기도 했고 직접 만든 간식거리를 남들과 나누어 먹는 일에 진심이었습니다.

독서를 많이 하는 아이를 나무랄 어른은 아마 없을 겁니다. 부모님은 자녀에 대한 희망 사항을 이야기할 때 '우리 아이가 책을 가까이하고 좋아하는 아이로 자랐으면 좋겠다'라고 흔히 말합니다. 저 역시 그렇고요. 장난감이나 캐릭터 용품이라면 고개를 내젓더라도 아이에게 도움이 되는 좋은 책이라면 해외에서라도 구해 줄 의지를 불태우는 게 부모 마음이지요. 어른들의 마음속에는 독서의 결과가 학업 성취도로 연결된다는 인식이 깔려 있기 때문인지도 모릅니다. '공부 잘하는 아이'를 마다할 부모님은 어디에도 없을 테니까요.

언젠가 성원이가 졸업한 지 한참이 지났을 때, 성원이와 여전히 연락이 닿는 저를 보고 같은 학교에 근무하셨던 선생님 한 분이 이런 질문을 하셨습니다.

"그때, 책 많이 읽던 성원이 맞죠? 걔 어느 대학 갔어요?"

성원이는 유명 대학은 아니지만, 자기가 좋아하는 분야인 요리로 특화된 학교에 진학해서 즐겁게 배움을 이어 가고 있었고 저는 그 사실을 힘주어 전했습니다. 하지만 제 말을 들은 선생님은 어딘가 만족스럽지 못하다는 듯 얘기하셨지요.

"책을 그렇게 많이 읽더니, 대학교는 좋은 데 못 갔네요."

저는 불편함을 느꼈지만 대꾸하지는 않았습니다. 나쁜 뜻으로 한 말이 아니란 걸 알고 있었고, 그저 책을 많이 읽으면 공부도 잘할 거라는 편견에서 온 가벼운 생각이었을 테니까요. 사실 이런 종류의 반응은 다른 사람들과도 대체로 마찬가지였어요. 속으로는 약간 실망하더라도 예의를 차려 티 내지 않거나, 솔직한 생각을 이야기하거나 둘 중 하나일 뿐이었지요.

다만 좋은 대학에 진학하지 못했다는 이유로, 성원이가 즐기고 사랑했던 독서의 가치가 희석되는 것이 저는 영 못마땅했습니다. 유명한 대학에 가고 사회적으로 성공한 사람들의 독서는 무한한 가치가 있는 것으로 조명되지만, 그렇지 못한 사람들의 독서는 폄하되어 버리기 쉬우니 몹시 씁쓸한 일입니다. 그런 논리대로라면 세상의 수많은 책은 모두 학습과 성공을 위해 존재해야 하니까요. 우리가 독서하는 이유가 공부를 더 잘하기 위해서만은 아닌데, 더 나은 입시 결과와 사회적 성공을 위해서만은 아닌데, 이런 이야기를 만약 성원이가 들었다면 얼마나 속상했을까요.

초등학교 시절 저는 독서와는 거리가 먼 아이였습니다. 집에 책이 많이 없어서 읽을 기회가 적기도 했지만, 도서관에서 스스로 책을 빌려다 볼 만큼 부지런하지도 않았어요. 그럼에도 아무런 불편함 없이 지내 오다가, 고등학생이 되어서야 처음으로 부족함을 느꼈습니다. 언어(국어) 영역에서 단순히 문제집을 많이 푸는 것으로는 메울 수 없는 어떤 틈 같은 것이 있었거든요. 부족한 독서 때문이라는 걸 알고 있었지만, 마음 놓고 독서하기에는 입시라는 불이 발등에 떨어진 상태였지요. 수능을 코앞에 둔 고등학생이 시간 걱정 없이 원하는 만큼 독서를 할 수는 없었습니다.

대학교에 가서 좋았던 점 중 하나는 마음껏 독서를 할 수 있다는 것이었습니다. 고등학교 때 느꼈던 부족함을 해소하기 위해 가볍게 시작한 독서였지만 저는 이내 온 마음을 빼앗겼지요. 하루에 대여섯 시간쯤 있는 수업을 받고 나면 시간이 정말 많이 남았고 그 대부분의 시간 동안 책을 읽었습니다. 겉으로는 단조로워 보이는 일상이었어도 안으로는 누구보다 풍요로운 삶을 살았다고 자부할 정도로요. 독서를 하면 마음이 살찐다는 말을 처음으로 경험하기도 했어요. 그때 읽었던 책들은 어른이 되는 문턱에 서 있던 저에게 큰 힘이 되어 주었습니다. 자아는 더 탄탄해졌고 삶을 대하는 긍정적인 뿌리도 더 깊어졌습니다.

아직도 저는 그때를 제 인생에서 가장 값진 시간이라고 생각해요. 책을 펼치면 다른 이의 삶을 온전히 품을 수 있었고 가만히 앉아서도 우주를 여행할 수 있었습니다. 제가 그때 느꼈던 독서의 즐거움과 희열을 성원이는 분명히 알았을 겁니다. 책과 사랑에 빠져 본 사람이라면 책 속의 세계에 마음이 홀려 그 여행을 끝내기 싫은 아쉬움을 이해할 수 있지요.

처음에는 너무 두꺼워서 '언제 다 읽지' 하다가도 나중에는 점점 빨리 줄어드는 페이지가 아쉬워 일부러 느긋하게 읽기도 하고, 얼마 남지 않은 부분을 나중에 읽으려 아껴 두고 싶어지는 순간을 만나게 되기도 합니다. 그렇게 책 속에서 만나는 세계를 향한 설렘과 재미, 감동은 몇 마디 문장으로는 표현하기 힘들 만큼 큰 것입니다.

아이들도 그런 독서의 즐거움을 알았으면 좋겠다고 늘 생각했습니다. 책과 평생의 친구가 될 습관을 어릴 때 잡을 수 있다면 제일 좋은 일일 테니까요. 얼마나 많이 읽었는지 권수를 기록하거나 끝을 보기 위한 읽기가 아니라, 멈추고 되새길 곳을 찾아가는 읽기가 되는 순간에 비로소 즐거움이 시작됩니다.

'선생님, 저 책 5권 읽었어요!', '저는 10권 읽었어요!' 하는 아이들을 볼 때면 마음으로 생각합니다. 그래, 그렇게 읽다가 언젠가는 얼마나 많이 읽었는지 자랑하는 대신 독서 그 자체로 기뻐하고 즐거워하는 순간을 만났으면 좋겠다고요.

성원이는 책 속의 인물들과 함께 기뻐하고 슬퍼한 덕분인지 다른 사람들의 기분을 잘 알아차렸고 공감하는 능력이 뛰어났어요. 그렇다고 남들에게 휘둘리거나 눈치를 보는 타입도 아니었지요. 타인을 적절히 배려하면서도 자신의 감정에 솔직한 아이였습니다. 저는 그런 성원이의 장점이 독서의 힘이라고 굳게 믿습니다.

아이든 어른이든 책을 읽으면 삶은 더 풍성해지고 더 나은 내일을 그리는 힘을 얻게 됩니다. 그렇기에 책을 가까이하는 일은 더 멋지고 근사한 삶을 살아 내기 위한 즐거운 여정이어야 합니다. 좋은 대학에 가기 위한 도구로만 인식되어서는 곤란하지요. 겉보기에 똑같아 보여도, 속이 텅 빈 열매와 알맹이로 꽉 차게 영근 열매 사이에는 분명한 차이가 있습니다. 꽉 찬 열매를 얻기 위한 수많은 노력 중 가장 쉬운 방법이 바로 책을 읽는 것입니다. 살면서 직접 경험하기 힘든 다양한 장면들을 소파에 편히 앉아서 마주할 수 있고, 혹은 침대에서 뒹굴면서도 함부로 상상하기 힘들었던 많은 감정을 전해 느낄 수 있습니다. 그렇게 친절하게 안내해 놓은 인생 지도가 바로 책이니까요.

더 나은 사람으로 자라기 위해 오늘도 책을 펼치는 아이들 사이에서 저도 함께 책을 읽고 있습니다.

오늘의 교실 상담소 - 선생님의 고민과 아이들의 솔루션!

Q. 책을 잘 보지 않는 친구들은 어떤 방법으로 도와주면 책과 친해질 수 있을까요?

친구들끼리 읽었던 책을 서로 바꾸어서 읽어 보라고 하시면 어때요? 저도 같은 반에 책을 많이 가지고 다니는 친구가 있었는데, 그 친구 덕분에 책을 많이 읽게 되었어요. 도서관까지 가기는 귀찮을 때도 있었는데 가까이 있는 친구가 빌려 주니까 편하고 읽기가 쉽더라고요. 그렇게 조금씩 책과 가까워지다 보니까 지금은 책을 좋아해요. 그리고 친구들끼리 읽은 책을 소개하는 수업을 해 보시면 아이들이 좋아할 수도 있어요. 그러면 다른 애들한테 소개해 주기 위해서라도 책을 읽게 되지 않을까요? 그리고 다른 친구들이 소개해 주는 책에 관심을 가지게 되어서 스스로 읽을지도 모르잖아요.

신재윤

반장 선거

교실에서 긴장이 감도는 날 중 하나는 학급 임원 선거를 하는 날입니다. 반장이나 부반장 선거에 출마하는 아이들이 떨리는 것은 당연한 일이고, 그렇지 않은 친구들도 누가 우리 반 대표가 될지 관심이 많지요. 그래서인지 소견 발표에서부터 결과를 확인하는 순간에 이르기까지 딴짓하는 아이들은 찾아보기 힘듭니다.

꼭 임원이 되지 않더라도 선거에 나가 보는 경험이 중요하다고 생각해서, 저는 조금이라도 의지가 있으면 아이들에게 입후보를 권하는 편이에요. 고민하는 아이들에게 안 하고 후회하는 것보다 해 보고 후회하는 편이 낫다고 말하기도 하고요. 처음으로 2학년 담임 교사를 맡았을 때는, 반 아이들의 대부분이 후보로 나와서 당황했던 적도 있습니다. 경력 많으신 옆 반 선생님께 여쭤보고 나서야 저학년 교실에서는 흔한 풍경이라는 걸 알았습니다. 그 이후로는 저학년 담임 교사를 맡으면 함부로 입후보를 권하지 않게 되었지요.

"다음 시간에 반장 선거니까 후보로 나갈 친구들은 미리 발표할 의견을 준비하세요."

후보 연설을 연습하던 승민이가 물어 왔습니다.

"근데 선생님은 초등학교 때 반장 해 보셨어요?"

승민이의 물음에 멈칫했습니다. 초등학교 반장 선거는 저에게 아픈 기억이기 때문이죠. '아니. 너무 해 보고 싶었는데 선생님은 후보로 나가 보지도 못했어.' 이 말이 쉽사리 나오지 않았습니다.

*

제가 3학년일 때 담임 선생님은 늘 무표정한 얼굴로 계셨던 젊은 여자 선생님이었습니다. 표정이나 말투가 얼음처럼 차가워서 말 한마디 걸기가 힘든 분이었지요. 아이들을 노려보시던 사나운 눈길, 엄하게 나무라시던 모습만 생생하다고 하면 과장일지도 모르나 적어도 제 기억 속의 선생님은 그런 모습이었습니다.

무서운 선생님은 아이들이 대개 싫어하기 마련이지만, 제가 그 선생님을 남몰래 미워했던 이유는 따로 있었습니다. 학교로 엄마가 자주 찾아오는 아이들만 예뻐하셨기 때문이었습니다. 물론 사고를 쳐서 엄마가 학교에 오시는 걸 의미하는 건 아니고, 학교에 관심을 가지고 자주 드나드는 엄마들 말입니다. 치맛바람이라는 말을 알게 된 건 훨씬 더 나이가 든 후였습니다. 엄마가 학교로 자주 찾아온다는 말은 어린 제 기준에서는 형편이 넉넉하다는 의미였습니다. 학교에 선생님을 뵈러 오면서 빈손으로 오는 엄마는 거의 안 계셨으니까요.

맞벌이였던 우리 집은 엄마가 학교에 오시는 일이 거의 불가능했습니다. 제 기억에는 졸업식 때 딱 한 번이었으니까요. 직장 일에 매이고 사는 게 바빠 학교에 신경을 쓸 여력이 없으셨던 거였지만, 고작 3학년이었던 제가 부모님의 그런 사정까지 헤아릴 만큼 성숙하진 못했습니다.

반장이 되고 싶었던 저는 하교에 엄마가 찾아 오는 아이들이 부러웠습니다. 그 시절에는 반장이나 부반장이 되는 아이의 엄마들은 으레 학급 어머니회의 대표가 되어야 해서 학교에 자주 오셔야 했거든요. 그런 이유로 담임 선생님은 엄마가 어머니회 활동을 할 수 있는 아이들만 입후보하는 게 좋겠다고 하셨습니다. 명령과도 같은 제안이었지요. 또 반장이 되면 아이들에게 선심성 간식거리를 돌리는 일도 흔했기 때문에 형편이 어려운 가정에는 부담일 수밖에 없었습니다.

심지어 저학년의 경우에는 교실을 청소하러 오시는 엄마들도 계셨습니다. 하루는 하굣길에 깜빡하고 놔두고 온 우산을 챙기러 교실에 돌아갔다가, 빨간 고무장갑을 끼고 교실 구석구석을 쓸고 닦으시던 엄마들을 보았습니다. 제 눈에는 마치 전문적인 청소 군단 같았지요. 엄마들이 다녀간 다음 날의 교실은 눈부시게 반짝반짝했습니다. 어린 저는 '엄마들이 학교에 와서 청소까지 해야 해?'라는 생각보다 '우리 엄마도 저런 엄마들처럼 교실 청소하러 와 주면 얼마나 좋을까'라는 생각을 했습니다. 그러면 선생님에게 예쁨받을 수 있을 거라는 생각도 했던 것 같습니다. 반장을 하고 싶었음에도, 담임 선생님의 당부와 후보로도 나가서는 안 된다는 엄마의 말씀에 초등학교 내내 선거에 나가 보지 못했습니다.

그러다가 중학생이 되자 엄마 몰래 반장 선거에 나가기로 결심했습니다. 이왕 나가기로 한 거 결과까지 완벽했으면 해서, 친구들에게 떡볶이를 사 주겠다고 약속하는 치밀함도 보였습니다(완전히 부정선거였습니다). 떡볶이 정도는 용돈으로 해결할 수 있을 거라는 나름의 계산도 있었거든요. 결국 그토록 원하던 반장이 되었습니다. 그 일로 여전히 저를 '떡볶이 반장'이라고 놀리는 그때의 친구들도 있습니다.

하지만 반장이 되어 기쁜 저와는 달리 엄마의 걱정은 현실이 되었습니다. 학교로 엄마가 와야 한다는 호출은 없었지만, 전교 회장이라는 아이의 엄마에게서 연락이 온 겁니다. 선생님들 선물도 사고 행사에도 써야 하니 학교 회장단이 회비를 모아야 한다고요. 전교 회장 엄마는 그 이후로도 운동회나 스승의 날 같은 행사가 있을 때마다 엄마들을 소집하고 회비를 걷느라 열심이었습니다. 덕분에 우리 집 살림은 더 쪼들려야 했지요. 엄마는 그런 비용을 대느라 끙끙대면서도 저를 나무라지 않으셨습니다. 돌이켜 보면 너무 죄송하고 감사한 일이지만, 그때의 저는 전교 회장 엄마보다 우리 집 형편을 원망할 정도로 철이 없었습니다.

요즘은 반장이 되더라도 단체 간식이나 선물을 돌리는 일이 없습니다. 선생님들도 그런 걸 반기기보다 오히려 학부모님께 자제를 당부하는 편이지요. 교칙과는 별개로 형편이 여의치 않은 가정으로부터 민원의 소지가 있기 때문입니다. 저는 아이들이 가정 환경 때문에 상처받기를 원하지 않습니다.

부모님이 예전만큼 학교에 관여하지 않아도 되는 요즘의 교육 환경을 저는 두 팔 벌려 환영합니다. 엄마가 학교에 오지 못해도, 가정 형편이 넉넉하지 않아도, 원한다면 반장이 될 수 있는 교실이 누군가에게는 당연할 테지만, 저에게는 무척 값진 것이거든요.

*

"아니, 선생님이 어렸을 때는 반장이 되면 엄마가 학교에 오셔야 하기도 했고, 돈도 많이 들어서 선생님은 반장 선거에 나갈 수가 없었어. 엄마가 직장에 다니셨고 집안 형편도 안 좋았거든."

"와, 진짜요? 돈 없으면 반장 선거도 못 나갔다는 거예요?"
"어떻게 그럴 수가 있어요? 정말 말도 안 돼요!"
세상에 그런 시절도 다 있었냐고, 선생님 정말 너무 슬펐겠다고, 승민이를 비롯해 같이 듣고 있던 다른 아이들도 한목소리로 제 편이 되어 주니 마음이 든든했습니다.
"맞아, 말도 안 되지? 그러니 뭐든지 할 수 있을 때 도전해 봐. 결과가 어떻게 되든 너무 두려워하지 말고 도전해 보는 것도 멋지지. 지나고 보면 그런 것도 다 추억이거든."
"맞아요, 저도 후회하고 싶지 않아서 도전하는 거예요. 떨어지면 할 수 없죠. 되면 더 좋고요!"
이렇게 밝게 말하던 승민이는 1학기 때 반장 선거에서 떨어졌지만 2학기에 씩씩한 모습으로 다시 도전했습니다. 이번에도 안 되면 내년에 또 나갈 거라고요. 그런 승민이를 저도 마음으로 응원해 주었습니다.
아이들에게 공감하고 도움을 주는 건 선생님만의 역할이라고 생각했습니다. 물론 그런 사람이 되어 줄 수 있다는 건 참으로 멋진 일임이 틀림없을 거예요. 하지만 아이들에게 매일 위로받고 있는 건 어쩌면 우리일지도 모릅니다. 세상의 때를 많이 탄 어른들의 마음을 아무런 편견 없이 바라봐 주기도 하고, 때로는 동료에게조차 나누지 못한 아픔을 아이들과 나누면서 웃어 보기도 합니다. 아팠던 반장 선거의 기억처럼 말이지요. 선생님의 억울한 상황에 분개

하고 슬퍼하며, 함께 흥분하기도 하는 따뜻함 속에서 저는 어디에서도 얻지 못했던 공감을 얻었습니다. 마음을 열고 가끔은 아이들과도 아픔을 나누어 보세요. 어리게만 보였던 아이들이라도 자신에게 타인을 위로해 줄 힘이 있다는 걸 선생님을 통해 알게 될지도 모르잖아요.

반장 선거를 준비하며 아이들에게 받았던 위로는 생각지도 못한 감사한 일이었습니다. 누구에게라도 하소연하고 싶었던 어린 시절의 상처 하나가 치유되고 있었습니다.

영재는 알아주는 까불이지만 자신에 대한 기대가 큰 모양이었습니다. 성적은 최하위권이어도 장래 희망 칸에 당당히 '대통령'이라고 써 내는 배짱이 남다르거든요. 대통령이 되려면 책도 좀 읽어야 하고 공부도 많이 해야 한다는 고리타분한 잔소리는 접어 두고, 최대한 멋진 말로 격려해 주는 선생님이 되고 싶었습니다. 영재의 꿈을 지금부터 예단할 수는 없으니까요.
"선생님 생각에 영재는 분명히 훌륭한 사람이 될 것 같아!"
그런데 격려받기는커녕 어딘가 잘못되었다는 어리둥절한 표정으로 영재가 다급하게 말했습니다.
"선생님, 저는 이미 훌륭한 사람이에요."
아무래도 제가 영재의 자신감을 너무 얕보았나 봅니다. 이미 자신이 훌륭하다고 생각하는 아이에게 미래에 훌륭해질 거라 말하는 무례함을 저질렀으니까요. 이렇게 확고하고 긍정적인 자신감이라면 영재는 이미 훌륭한 사람임이 틀림없습니다.

콩콩팥팥
국어 시간

많은 분이 듣고 고개를 끄덕이는 속담이 하나 있는데 바로 콩 심은 데에 콩 나고, 팥 심은 데에 팥 난다는 것입니다. 어떤 일이든지 결과에는 반드시 원인이 있기 마련이라는 뜻이 있기도 하지만, 부모를 닮은 아이를 표현할 때 참 잘 어울리는 말이기도 하지요. 처음에는 선입견일 수도 있다는 생각이 있었지만, 다양한 아이들과 학부모님을 대하면서 그 속담을 사실로 받아들이지 않을 수 없었습니다.

외모가 비슷한 건 유전적으로 당연한 일이지만 삶의 태도나 가치관까지 그대로 닮은 걸 볼 때마다 어른들이 보여 주는 말과 행동이 얼마나 중요한지 느끼게 되곤 합니다. 〈우리 아이가 달라졌어요〉나 〈금쪽같은 내 새끼〉처럼 아이들을 달라지게 하는 육아 솔루션 프로그램을 보다 보면, 겉으로는 아이의 문제를 해결하는 과정인 듯 보이지만 그 실마리는 언제나 양육자의 태도와 행동 변화에 있었다는 걸 깨달은 적이 많았거든요.

평소 아이들의 말과 행동을 보면서 이 아이의 부모님은 어떤 분이실까를 상상하는 일이 많습니다. 소박한 배려가 몸에 밴 아이를 보면서는 '집에서 어떻게 모범을 보이면 아이가 저렇게 멋진 말을 할까?' 궁금했고, 바람직하지 못한 행동을 보면서는 '양육 방식이 아이에게 부정적인 영향을 준 건 아닐까?' 고민하기도 했습니다. 교사이기 이전에 두 아이의 학부모로서 늘 관심이 가던 부분이었지요.

부모의 말과 태도가 가랑비에 옷 젖듯이 아이들에게 깊숙이 스며 있단 걸 깨닫고부터 아이들을 더 잘 이해하게 되기도 했지만, 고민도 함께 깊어졌습니다. 만약 아이를 젖게 하는 비가 따뜻하고 촉촉한 봄비라면 그 안에서 마음껏 뛰어놀게 두면 그만이지만, 비바람 몰아치는 태풍이라면, 우산이라도 씌워 주는 게 선생님의 역할이라고 믿었기 때문입니다.

언젠가 국어책에서「당나귀를 팔러 간 아버지와 아이」라는 글을 읽고 생각을 나누는 수업을 한 적이 있습니다. 그 수업이 유난히 강렬한 기억으로 남은 이유는 아이들의 생각을 들으며 보이지 않는 부모님의 말과 습관까지 자연스럽게 상상됐기 때문이었습니다.

*

　시장에 당나귀를 팔러 가던 아버지와 아들이 몇 명의 행인들을 만나고 서로 다른 조언을 받게 됩니다. 당나귀를 타고 가라는 말, 아버지가 타야 한다는 말, 아들이 타야 한다는 말, 부자가 함께 당나귀를 메고 가라는 말 등 조언은 다양했어요. 사람들의 조언을 분별없이 듣고 따랐던 아버지와 아들은 결국 당나귀를 강에 빠뜨려 잃게 됩니다. 아이들에게 이 상황에서 자신이라면 어떻게 했을지 선택하고 그렇게 선택한 이유를 생각해 보게 했습니다.
　"저 같으면요, 당나귀 위에 아이를 태우고 갈 것 같아요. 왜냐면 누가 뭐래도 자기 아이가 세상에서 제일 소중하잖아요."
　이렇게 말한 민준이의 어머니는 아이의 사소한 일상과 이야깃거리에도 늘 관심을 가지는 분이었습니다. 아이에게 세심한 관심과 정성을 쏟는 민준이 어머니의 모습에서 자녀를 향한 애정을 느낀 적이 많았습니다. 자신을 제일 귀한 존재로 여겨 주는 부모님의 보살핌 아래 자란 아이다운 대답이었지요.
　반면에 재원이의 어머니는 아이의 자율성을 믿고 존중해 주시는 분이었습니다. 교우관계나 학교생활 문제로 연락을 드리면 적극적인 개입보다는 재원이가 스스로 판단하여 해결할 수 있도록 돕기를 원하셨지요.
　"아이들끼리 놀다 보면 이럴 때도 있고 저럴 때도 있을 거예요.

그러면서 배우고 커 가는 거겠지요. 다른 사람에게 해를 끼치는 일이 아니고서야 제가 일일이 신경 쓰지 않으려고요. 재원이가 스스로 판단하고 해결해 보다가 도움이 필요하다고 이야기하면 그때 도와주면 되지 않을까요?"

자율적으로 판단하여 행동하는 걸 장려하는 부모님 밑에서 자란 재원이의 대답은 이랬습니다.

"저는 다른 사람이 하는 말보다는 일단 자기 생각대로 먼저 해 보는 게 좋을 것 같아요. 그때 어떤지 봐서 몸이 더 힘든 사람이 있으면 당나귀를 타고 가고, 괜찮은 사람은 그냥 걸어가고요. 자기 생각대로 행동할 줄도 알아야지요. 언제까지나 남한테 의지할 수는 없잖아요."

그러나 승우의 부모님은 앞선 두 경우와 달리 아이의 생활지도에 크게 관심이 없는 분이셨어요. 한번은 승우가 다른 친구에게 손찌검을 한 일로 연락드린 적이 있었습니다.

"선생님, 애들끼리 장난치면서 놀다 보면 서로 때릴 때도 있고 뭐 그렇지요. 남자애들은 원래 그러면서 크잖아요. 너무 예민한 애들하고는 같이 못 놀게 떨어뜨려 놔 주세요."

이렇게 저를 놀라게 하셨거든요. 승우의 대답은 다른 사람의 불편이나 시선은 별로 신경 쓰지 않는 부모님의 태도를 그대로 닮아 있었습니다.

"저는요, 다른 사람의 말은 무시하고 그냥 제가 하고 싶은 대로 할래요. 어차피 그 사람들이 당나귀를 대신 팔아 줄 것도 아니잖아요. 남의 일에 신경 쓰는 사람들이 더 이상할 수도 있어요."

가희 어머니는 희생적인 분이었어요. 맞벌이로 바쁜 와중에도 아이에게 늘 신경 쓰셨고 아이가 원하는 것이라면 넘치게 챙기셨지요. 자신을 항상 우선순위로 여기는 어머니를 보면서 가희는 엄마가 희생하더라도 아이가 먼저라는 걸 배우지 않았을까요.

"만약 저라면요, 어른은 걸어가고 어린 아들을 당나귀에 태우고 갈 것 같아요. 어른들은 그래도 힘든 걸 참을 수 있지만 아이들은 아니니까요."

다은이는 경제 관념이 뚜렷했습니다. 용돈도 계획적으로 소비했고 돈을 헤프게 쓰는 친구를 보면 그래서는 안 된다고 조언할 줄 아는 주관도 있었습니다. 아이에게 일찍부터 경제 교육을 하신 부모님 덕분에 아껴 쓰거나 합리적인 소비를 하는 것에 익숙한 것 같았습니다.

"선생님, 들어 보세요. 여기서 중요한 건 당나귀를 좋은 값에 팔아야 하는 거잖아요? 그러니까 시장에 도착할 때까지는 당나귀 컨디션을 최고로 유지하는 게 중요하겠죠? 그러려면 그냥 목에 줄을 걸어 데리고 가는 게 제일 좋을 것 같아요. 걸어가다가 정말 힘이 들 때는 조금씩 타고 가고요."

도영이의 부모님은 합리적인 사고방식을 가지신 분이었습니다. 융통성 있게 필요한 일에는 최선을 다하고, 그렇지 않은 일은 과감히 포기하여 효율적으로 일을 처리하셨지요. 평소 도영이에게서도 그런 부분이 묻어나는 걸 느꼈던 적이 많았습니다.

"일단 걸어가다가요, 아버지와 아들이 힘이 들 때만 조금씩 번갈아 가면서 타고 가면 어때요? 당나귀도 너무 힘들면 상태가 안 좋아지고 그러면 잘 안 팔릴 수도 있잖아요. 그렇다고 끌고만 가기에는 사람도 너무 힘드니까요."

그야말로 합리적인 선택이었습니다. 이렇게나 다양한 대답을 들을 수 있던 것도 놀라웠지만 나중에는 학부모님을 떠올리며 아이들이 어떻게 대답할지 예상까지 하게 되니 슬그머니 웃음이 났습니다. 추측했던 대답을 들었을 때는 점쟁이라도 된 듯 속으로 무릎을 치기도 했지요. 교실에 앉아 있던 건 아이들뿐이었지만, 아이들의 부모님과도 만난 날이었습니다.

당시 경험을 통해 아이를 더 잘 이해하기 위해서 왜 부모님을 먼저 알아야 하는지 이유를 배울 수 있었습니다. 그리고 그 이후로 아이들과 부모님에 관한 이야기를 더 많이 나누게 되었습니다. 무언가를 특별하게 잘한 날에는 집에 가서 어떤 칭찬을 받았는지, 친구와 다툼이 있던 날에는 부모님께서 무슨 조언을 해 주셨는지, 망친 시험지를 들고 간 날이면 어떻게 반응하셨는지 그런 아주 사소한 것들이요.

학부모 상담을 하다 보면, 가정의 치부라 여겨지는 부분은 의도적으로 숨기고 좋은 모습만 보이려는 분들도 많습니다. 어른들의 체면 탓이라고 생각합니다. 하지만 아이들은 여과 없이 모든 이야기를 해 주기 때문에, 오히려 더 믿을 만하기도 합니다. 그런 사소한 것들이 아이들을 이해하는 데 도움이 될 때도 많으니까요. 때로는 아이들의 눈이 어른들의 시선보다 더 솔직하고 신뢰가 갈 때가 있는데 부모님을 바라보는 아이들의 말에서 그런 걸 느낄 때가 많았습니다.

부모는 아이들의 거울이라고도 하고, 첫 스승이라고도 합니다. 아이들이 자라면서 가장 많은 시간을 함께 보내는 어른이기 때문이겠지요. 부모로서의 무게를 가벼이 여겨서는 안 될 이유일 것입니다.

그러나 그런 무게를 느끼는 사람이 어디 부모님뿐일까요? 교사도 마찬가지입니다. 어떤 아이들은 집에서보다 학교나 학원에서 더 많은 시간을 보내기도 합니다. 때로는 선생님을 엄마만큼 의지하기도 하고, 부모님과의 관계에서 미처 메우지 못했던 정서적 간극을 교실에서 채우는 아이들도 있습니다. 물론 교사의 무게를 부모님의 그것과 견줄 수는 없을 겁니다. 그럼에도 교사가 하는 말과 행동이 아이들에게 미칠 영향을 생각할 때마다, 결코 가벼워지지 않는 책임감을 느낍니다. 가랑비가 옷을 젖게 하듯이 어른들의 말과 행동은 아이들에게 매일 조금씩 조금씩 스며들 테니까요. 선생님은 아이의 옷을 더 젖게 둘 수도 있고 우산이 되어 젖지 않게 할 수도 있습니다.

아이들은 어른의 모습을 보고 닮으며 자랍니다. 그렇기에 우리가 놓치지 말고 기억해야 하는 중요한 가치는, 결국 좋은 어른이 되어야 한다는 것이겠지요. 아이들에게는 아주 멀리서 지혜의 아우라를 뿜어내는 크고 대단한 존재가 필요한 게 아닙니다. 그보다 가까운 거리에서, 손 뻗으면 닿을 곳에서, 매일 보고 대화하는 어른이야말로 아이가 보고 닮아 갈 모델이며, 자라나게 도와주는 존재입니다.

국어 시간에 나온 아이들의 대답을 떠올리며 마음을 다잡아 봅니다. 저는 빗속으로 아이를 더 내몰 수도, 우산을 받쳐 줄 수도 있는 사람이라고요. 어른의 역할이 무엇인지, 교사의 역할이 무엇인지 끊임없이 떠올려야겠습니다.

우리 안의
진주

    초등학교 시절의 선생님에 관한 이야기를 할 때면, 매번 떠올리는 두 가지 기억이 있습니다. 어른들에게는 말하지 않았지만, 아이들과는 자주 나누었던 경험이지요. 아이들은 선생님의 어린 시절 얘기를 좋아하기 때문에 아주 흥미롭게 듣습니다.

    교사가 되고 나서도 꽤 오랫동안 그 기억들에 관해 말한 적은 없었습니다. 일부러 들추고 싶지 않았던 것도 있지만, 어린 시절에 겪었던 부당한 일을 드러낸다는 것이 어쩐지 불편한 일이라고 생각했거든요. 교사라도 잘못된 점이 있다면 비난받아야 하는 것이 마땅하지만, 선생님에 대한 무조건적인 복종과 존경을 강요받으며 자란 세대인 저도 어쩔 수 없는 옛날 사람이었던 모양입니다. 선생님 개인에 얽힌 나쁜 기억이기도 했지만, 사실은 그 시절의 학교와 환경을 향한 불만이었다고 표현하는 게 더 정확할지도 모르겠습니다.

*

5학년 때 담임 선생님은 나이가 지긋하신 분이었습니다. 몹시도 권위적인 분이었는데 예의가 없다는 이유로 희섭이라는 친구를 물건처럼 발로 찼던 끔찍한 일이 있었습니다. 그 장면은 저에게 큰 트라우마로 남아 지금도 드라마나 영화의 폭력적인 장면은 여전히 잘 보지 못합니다. 요즘 기준에서야 명백한 아동학대지만, 그때만 해도 폭력이나 학대에 대한 인식이 거의 없었던 데다가 체벌도 빈번했던 시절이라 그 일은 논란조차 되지 않았습니다.

희섭이는 오히려 조용하고 착실했던 아이라 크게 눈에 띄지도 않았는데, 어쩌다가 선생님의 부당한 대우에 반항적인 말로 되받아쳤던 게 선생님의 심기를 건드렸던 모양이었습니다. 우리는 잔뜩 얼어붙은 채 눈동자만 굴릴 뿐이었습니다. 흥분해서 윽박지르며 감정을 조절하지 못하는 선생님 앞에서 정강이를 부여잡고 고통스럽게 울먹이는 희섭이의 모습은 제 뇌리에 선명하게 남았습니다. 그 장면을 생각할 때마다 여전히 마음이 아립니다.

다음 날부터 희섭이는 학교에 오지 않았습니다. 저는 그 애가 꼭 돌아오길 마음으로 응원했습니다. 우리 반 모두는 희섭이 편이었지만 그 누구도 입 밖으로 표현하지는 못했습니다. 제 눈에, 그리고 아이들 눈에 선생님은 막강한 힘을 가진 두려운 존재였으니까요. 선생님이 왕인 교실에서 아이들이 할 수 있는 건 아무것도 없었습니다. 공포와 두려움에 눌려 친구의 편이 되어 주지 못했던 제 마음이, 옳다고 생각했던 일에 떳떳하게 목소리를 내지 못했던 제 마음이, 바로 '죄책감'이었다는 걸 오랜 시간이 흐르고 나서야 알게 되었습니다.

며칠이 지났을까요, 희섭이가 전학 간다는 소식이 전해졌습니다. 희섭이에게는 아마 그게 최선이었겠지요. 더 이상 선생님을 보기 힘들었을 테고 그렇다고 선생님에게 무언가를 요구할 수 있는 시대도 아니었으니까요. 그 시대 우리의 자화상은 그렇게 슬픈 모습이었습니다.

희섭이의 전학이 어쩌면 선생님을 더 화나게 했을지도 모르겠습니다. 선생님은 그 아이가 얼마나 괘씸한 녀석인지 새 학교에도 전화해서 알릴 거라는 둥, 너희들도 희섭이처럼 행동하면 생활기록부에 모두 남길 거라는 둥, 우리를 겁박하기까지 하셨어요. 선생님이라는 이름 앞에 두려움으로 설 수밖에 없었던, 아는 것보다 모르는 게 더 많았던 그때의 우리는 아무것도 하지 못한 채 아픔만 숨기고 살았습니다.

한 해 뒤인 6학년 때는 폭력적인 그 선생님으로부터 탈출할 수 있다는 사실에 한없이 기뻤습니다. 하지만 저를 기다리고 있던 건 다른 문제였습니다. 당시 학교는 점심 급식을 했는데, 넉넉지 못한 형편 탓에 저는 급식비 지원을 받았습니다. 지금이야 모든 학교가 무상급식으로 운영되는 형태이지만 그때는 아니었습니다. 요즘처럼 스쿨뱅킹이나 자동 납부 시스템도 없어서 이름이 적힌 급식비 용지를 담임 선생님이 일일이 나눠 주셨지요. 문제는 급식비를 내지 않아도 됐던 저는 그 종이를 받지 못한다는 것이었습니다.

한 달에 한 번씩 선생님이 급식비 용지를 나누어 주는 날이 가까워지면 학교에 가기가 정말 싫었습니다. 번호 순서대로 이름이 불리면 아이들이 차례대로 나와서 종이를 받아 가는 그 장면이 아직도 생생합니다. 이름이 불리지 않는 저에게 친구들이 보내는 애매한 연민의 눈빛은 정말 피하고 싶도록 따가웠습니다. 심지어 '너는 왜 종이 안 받냐?'며 악의적으로 내뱉었던 몇몇 친구들의 말은 어리고 여린 제 가슴을 마구 할퀴었습니다. 아무 대꾸도 하지 못하고 얼버무려야 했던 그때가 저에게는 지옥같이 벗어나고 싶은 순간이었어요. 일부러 화장실에 가는 척했던 적도 있었습니다. 빈 종이라도 괜찮으니 친구들이 알지 못하게 나한테도 같이 나눠 주시면 얼마나 좋을까 간절히 바랐지만, 그런 기적은 일어나지 않았습니다.

그 상황이 선생님의 잘못은 아니라는 것쯤은 당연히 알고 있습니다. 아마도 그 시절엔 모두가 그랬을 테지요. 그래서 그 선생님을 원망하지는 않습니다. 다만 그때의 아이들은 어리다는 이유로 기분이나 감정을 섬세히 배려받지 못했고 저는 그 상처를 그대로 간직한 채 어른이 되었습니다. 아마 어른이 되신 분 중에 저와 비슷한 경험을 하신 분이 많을 것이라 생각합니다. 이 글을 읽고 계시다면 조금의 위로가 될 수도 있겠지요. 저도 이렇게 씩씩하게 살아가고 있으니까요.

*

저는 즐거운 기억은 금방 사라지는 반면, 아리고 따가운 기억만 오래도록 생생한 건 참으로 슬픈 일이라고 생각했었습니다. 뇌에도 필터란 게 있어서 아픈 기억은 거르고 좋은 기억만 남길 수 있다면 얼마나 좋을까 상상하기도 했습니다. 하지만 교사가 되고 나서는 생각이 바뀌었습니다. 어린 시절의 상처와 아픔 덕분에 더 좋은 교사가 되려는 노력을 게을리하지 않게 되었으니까요.

혼자만 가진 것 같은 마음의 상처들을 그저 지우고 싶은 흉터라고만 여겼었는데, 그것들은 오히려 보이지 않게 저를 성장시키는 힘이 되고 있었습니다. 오래전 누군가에게 맞았던 기억으로 마음의 문을 닫아 버린 아이에게 다가갈 용기를 주었고, 형편이 어려워 학원 한번 가 보지 못한 아이를 진심으로 위로할 수 있는 교사가 되었습니다. 아픈 기억이 꼭 부정적이지만은 않다는 걸 알았지요.

사랑을 받아 본 사람이 다른 사람에게도 사랑을 베풀 수 있다고 합니다. 하지만 저는 이렇게 말합니다. 아픔을 경험한 사람이 오히려, 다른 이의 마음을 가볍게 여기지 않을 것이라고 말입니다. 상처 받은 사람은 다른 이의 상처를 더 잘 발견하는 눈을 가졌으며 상처 받은 그 마음을 보듬어 줄 그릇도 더 깊습니다.

흔적도 없이 깨끗하게 아문 상처는 어디를 어떻게 다쳤는지조차 기억나지 않을 정도로 쉽사리 잊히지요. 하지만 흉터를 남긴 상처는 오랜 시간이 지나도 상처 입은 과정까지 선명하게 기억나곤 합니다. 이 글을 읽고 있는 분들에게도 분명히 아픔으로 기억되는 일들이 하나쯤은 있겠지요? 기회가 된다면 마음속에 덮어 두기만 했던 어린 시절 이야기를 다른 이들과 나누어 보셔도 좋겠습니다. 아픔으로 간직했던 일을 끄집어내어 그때의 마음을 기억해 내고 다시 느껴 보려는 것만으로도, 더 나아질 수 있다고 믿습니다. 때로는 숨기는 것보다 상처를 드러내는 게 더 도움이 될 때도 있는 법이거든요.

과거의 아픔이 현재 삶에 원동력이 되는 전환의 순간이 온다면 좋겠습니다. 그런 우리의 마음이 더 많은 아이에게 전달된다면 우리가 살아가는 세상은 더 따뜻해질 테니까요.

진주는 조개의 '눈물'이라고도 하고 '아픔'이라고도 합니다. 진주가 만들어지려면 그 안에 이물질이 있어야 한다는데 그 이물질을 배출하고 상처를 치유하기 위해 끊임없이 내보낸 분비물이 쌓여 진주가 되기 때문이겠지요. 그렇게 마음속에 진주를 가진 마음 깊은 어른이 되어 아이들 앞에 설 수 있기를 마음 다해 응원합니다.

마음을
만나는 기쁨

아이들의 마음을 만날 때, 그래서 가슴이 뜨거워질 때, 그럴 때 선생님이 되기를 참 잘했다고 느낍니다. 아이들의 귀한 노력을 읽거나 생각지 못했던 순수한 마음에 흠칫 놀랄 때, 아이다운 말과 행동이 저를 들뜨게 하는 많은 순간에 저는 힘을 얻곤 합니다.

몇 해 전 우리 반이었던 재영이는 표현이 서툴고 무뚝뚝한 아이였습니다. 조금이라도 다정한 말은 오글거린다고 버티기 힘들어했고 장난스레 하는 말 중에는 거친 언어도 많았습니다. 표현이 서툴다 보니 자기 주장이 강한 친구들과 오해로 인한 갈등도 생기곤 했지요. 학습 성취도도 높은 편은 아니었는데 그중에서도 영어를 유독 싫어했습니다. 4학년인데 아직 알파벳을 다 모를 정도로 실력이 부족했거든요. 못하는 걸 싫어하는 건 당연했고, 싫어하니까 더 못하게 되는 악순환이었습니다. 재영이가 5학년이 된 해에는 제가 영어 교과 전담을 맡게 되었고 재영이는 여전히 알파벳을 헤매고 있었지요. 6학년에 올라가기 전에 그래도 알파벳은 떼야겠다 싶어 방과 후에 영어 공부를 하자고 했습니다.

그날도 함께 영어 공부를 시작하려고 앉았는데 재영이가 무심하게 종이를 두 장 건네더군요. 혼자만 쓰기는 쑥스러웠던지 다른 친구에게도 쓰라고 해서 같이 가져왔다고 하면서요. 그 종이가 제게 주는 편지란 걸 알았을 때 재영이가 말했습니다.

"다음 주에 스승의 날이잖아요."

세상 무뚝뚝한 재영이가 직접 그리고 오린 하트 모양의 편지지를 만들어 왔다는 사실에 마음이 설렜습니다.

"선생님 주려고 직접 만들어 온 거야? 완전 감동인데."

제 말을 듣던 재영이가 갑자기 제 손에서 편지지를 뺏어 들더니 막 구겨 버렸습니다. 민망하다는 표시였지요. 순식간에 종이 뭉치가 된 편지지가 너무 아까웠습니다.

"선생님 주려고 써 왔으면서 왜 구겨?"

"그냥 버리려다가 주는 거예요!"

'오다 주웠다'라는 말을 연상시키는 재영이의 애정 표현인 걸 알기에 당연히 속으로는 웃음이 났습니다.

"같은 말이라도 좀 곱게 하면 어디가 덧나니?"

핀잔을 한번 주고는 구겨진 편지지를 살살 펼쳤습니다. 들쭉날쭉한 글씨지만 꾹꾹 써 내려간 예쁜 편지였습니다. 재영이가 글쓰기를 힘들어한다는 걸 잘 알고 있었기 때문에 더 고마웠습니다.

"이야, 글씨 진짜 잘 썼다! 대단해, 재영아!"

제가 감탄사를 연발하며 고마운 마음을 표현하자, 재영이는 이 상황이 민망한지 계속 말을 돌렸습니다.

"아까 할 일 없어서 그냥 대충 썼어요!"

그러더니 편지를 다시 뺏으려 했습니다.

"선생님! 빨리 읽고 다시 주세요!"

"왜?"

"버릴라고요!"

어색함을 벗어나기 위한 재영이 특유의 말투는 차갑고 딱딱했지만, 이미 편지에 감동받은 후였기 때문에 그 목소리마저 다정하게 들렸습니다.

"버리긴 왜 버려? 한번 줬으면 이제 선생님 건데."

"그럼 다 읽으면 버려야지 뭐 해요!"

"간직해야지. 선생님은 편지 안 버려."

"그럼 언제 버리는데요?"

"선생님은 아이들한테 받은 편지 다 보관해. 십 년 넘은 것도 다 가지고 있어."

"헐, 왜요?"

예상치 못한 답변이라는 듯 약간은 누그러진 말투로 재영이가 물었습니다. 저는 재영이에게 한번 웃어 준 뒤, 천천히 편지 내용을 살펴보았습니다.

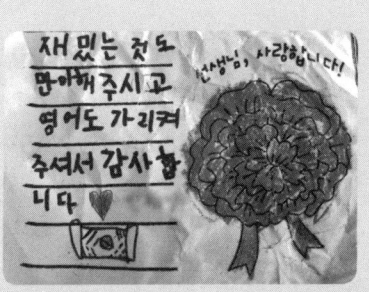

손지은선생님, 4학년 때 아껴주고 사랑해주시고 사고 만이 쳐도 이해해주시고 5학년 데도 제가 학교 안나왔을 때 걱정도 해주시고 4학년 때 모르는 문제도 알려주시고 재밌는 것도 만이 해주시고 영어도 가리켜 주셔서 감사합니다.

박재영

틀린 맞춤법, 구불거리는 글씨, 빨간 색연필로 삐뚤삐뚤 칠한 카네이션에 구석구석 담긴 재영이의 마음이 고스란히 읽혔습니다. 그리고 마지막에 그려 놓은 태극기까지. 지난 영어 시간에 어느 나라 출신인지 묻고 답하는 내용을 공부했는데, 그때 배운 걸 적은 모양이었습니다. 글로는 쓰지 못했던 I'm from Korea를 표현한 재영이만의 언어란 걸 알았기에 그만 눈가가 촉촉해질 뻔했습니다. 우습기도 하고 흐뭇하기도 했던 제 마음을 재영이는 알았을까요.
며칠 뒤 다시 만난 재영이가 물었습니다.
"선생님! 제가 줬는 편지 어딨어요?"
"집에 가져갔지."
"아깝다! 버려야 되는데! 진짜 안 버렸어요?"
"안 버린다니까. 얼마나 소중한 건데."
말로는 버려야 한다고 툴툴대던 재영이지만 마음을 담은 자신의 편지가 귀하게 간직된다는 걸 속으로 무척 기뻐했겠지요. 표현에는 워낙에 무색한 녀석이라 티 내면 큰일 나는 줄 아는 모습도 귀여웠습니다. 그 편지를 재영이가 정말 정성 들여 썼다는 걸 저는 알고 있습니다. 1년을 함께 지냈던 제가 모르면 누가 알까요. 그래서 더 고마웠습니다.
얼마 전 영어 시간에는 좋아하는 것들에 관해 글을 쓰고 각자 쓴 것을 발표한 적이 있었습니다. 발표를 하던 중 마치는 종이 울렸고, 그 반 아이들은 활동을 마무리하지 못한 채 교실로 돌아가게 되었습니다. 평소처럼 줄을 세우고 있는데 대현이라는 아이가 저에게 다가와 교과서를 내밀었습니다.
"선생님이라도 제 거 읽어 보실래요?"
발표를 하려고 손을 들었는데 시간이 부족한 바람에 기회를 얻지 못한 모양이었습니다. 수업을 정리하느라 분주한 상황이었지만 제

대답을 기다리는 대현이의 초롱초롱한 눈망울을 보고 '다음에'라고 말하기는 힘들었습니다. 원어민 선생님께 아이들 줄 세우는 일을 부탁하고 교과서를 받아 들었습니다. 특별한 것 없는 내용이라도 대현이에게는 세상 하나뿐인 작품일 테지요. 누군가가 자기의 작품을 읽어 준다는 사실로도 기뻐할 대현이를 위해 기꺼이 시간을 할애하기로 했습니다. 대현이는 자신이 좋아하는 축구에 관해 썼더라고요. 옆자리에는 축구공과 축구선수 그림도 세밀하게 그려 놓았고요.

"대현이는 축구를 좋아하는구나. 손흥민 선수도 영어 엄청나게 잘하잖아. 대현이도 그렇게 되는 거 아니야? 열심히 쓴 글 보여 줘서 고마워."

몇 마디 해 주었을 뿐인데 대현이의 표정이 금세 밝아졌습니다. 그렇게 대현이는 만족한 얼굴을 하고 영어실을 떠났습니다. 제 마음도 불이 켜진 것처럼 환해졌습니다.

학부모의 민원에 스트레스를 받고 때로는 아이들이 버겁게 느껴져 좌절하기도 하지만, 그럼에도 가르치는 사람으로 살아가는 것은, 아이들의 마음을 만나는 작은 순간의 기쁨 때문일 것입니다. 힘들고 지친다는 생각이 들 때마다 아이들의 마음이 찬찬히 옮겨 와 제 마음을 밝혀 주었던 순간을 떠올려 봅니다. 미처 떠올리지 못해서 보이지 않던 순간이 가슴에 담길지도 모르니까요. 그런 순간의 기쁨을 어깨에 단단히 둘러메고서 오늘도 교실로 향하는 발걸음을 재촉합니다.

오늘의 교실 상담소 - 선생님의 고민과 아이들의 솔루션!

Q. 스스로 해 볼 생각은 하지 않고 다른 친구가 도와주기만을 기다리는 아이는 어떤 방법으로 가르쳐 주면 좋을까요?

"같이 해 볼까?"라며 말하다가, 은근슬쩍 혼자 하게 놔두세요. 그래도 계속해서 안 한다고 하면 위클래스의 도움을 받는 것도 좋은 방법이에요. 거기서 마음을 털어놓다 보면 자기가 왜 그런지 생각하다가 문제를 해결할 수도 있거든요. 그리고 그 아이가 주로 의지하는 친구들에게 부탁해서 도움은 주지만 답은 그 아이가 찾아낼 수 있도록 도와달라고 말하는 것도 좋을 것 같아요. 늘 도움받는 것에만 익숙한 친구에게 갑자기 도움을 받지 말라고 하면 그 아이가 불안해하고 스트레스를 많이 받을 수 있기 때문에 '혼자 할 수 있도록 도움을 못 받게 해야지'라는 생각보다 '도움을 받지만 스스로 할 수 있는 힘도 서서히 키울 수 있도록 해야지'라는 생각으로 다가가는 게 좋을 것 같습니다!

김건오

풀꽃을
자세히 보려면

크고 화려한 것에만 집중하다 보면, 교실의 많은 풍경은 보잘것 없는 것이 되고 맙니다. 하나하나 사소하고 하찮게 보일지도 모르지요. 어릴 적 넓게만 보이던 운동장, 크게만 느껴졌던 칠판이 별것 아닌 게 되면서 어느새 우리는 어른이 되었습니다. 하지만 좁아진 운동장을 다시 넓게 보는 눈을 가지고, 별것 아닌 일도 별것으로 느끼는 연습을 다시 하면서 저는 선생님으로 살아가고 있습니다. 그렇게 아이들과 어깨를 나란히 해서 걷고, 아이들과 눈높이를 맞추며 오늘을 이야기합니다.

"자세히 보아야 예쁘다. 오래 보아야 사랑스럽다. 너도 그렇다."

나태주 시인의 「풀꽃」이라는 시를 읽을 때면 저절로 아이들의 얼굴이 떠오릅니다. 스물네 명의 아이들이 앉아 있는 교실에서 아이들은 모두 저마다의 향기를 품은 풀꽃이기 때문이지요. '자세히 보면' 모두가 아름답고 빛나는 존재들이라는 것, 그것이 선생님으로 살아가며 늘 간직해야 할 보석 같은 교훈입니다. 아이들을 관찰해서 장점을 찾아내고 그것이 비록 평범한 것일지라도 끊임없이 말해 주는 사람, 그 사소하고도 귀한 일을 해 내는 사람이 바로 선생님이어야 한다고 믿습니다.

초등학생 아이들이 살아온 세월을 생각하면, 저와 함께하는 1년은 결코 짧은 시간이 아닙니다. 지나고 보면 대수롭지 않은 일이라도, 그 안에 있을 때는 삶의 전부인 곳이 아이들의 교실이고 세상이지요. 그곳에서 함께 시간을 보낸 아이들은 그 시절을 어떻게 추억하고 있을까, 저는 가끔 궁금해집니다. 서툴고 어설펐어도, 아이들의 이야기를 진심으로 들어 주고 좋은 친구가 되고 싶어 밤잠 설쳤던 제 마음을 알았을까요. 혹시나 기억하고 있을까요.

교실 밖 세상에서는 결코 느낄 수 없는 작은 행복에 웃음 지을 때도 많지만 제 마음에 여유가 없을 때는 아이들과의 일상이 버거울 때도 많았습니다. 하나하나 따로 보면 누구보다 사랑스러운 아이들이지만 모아 놓고 보면 교사에게 어마어마한 에너지를 요구하곤 하니까요. 고백하자면, 몸과 마음이 힘들 때면 아이들이 괴물처럼 느껴질 때도 있었습니다. 여러분도 혹시 그랬던 경험이 있으신가요? 그런 경험을 통해 '기분이 태도가 되지 않게'라는 명제는, 체력이 뒷받침될 때라야 비로소 가능한 말이라는 걸 알게 되었습니다. 떨어진 체력은 마음의 여유마저 앗아 가는 무서운 힘을 지니고 있기 때문이지요.

에너지가 충분하고 활력이 넘칠 때는 아이들의 말썽도 친절하게 타이를 여유가 생기는 법입니다. 그렇지 않을 때는 줄곧 화를 내거나 잔소리하는 선생님이 되기 쉽습니다. 그렇기에, 풀꽃을 자세히 보기 위한 필요조건은, 아이들의 장점을 찾으려는 눈과 충분한 체력일 것입니다.

교사와 학부모 사이에 우스갯소리 중에 '선생님이 미치기 직전 방학을 하고, 부모가 미치기 직전 개학을 한다'라는 말이 있습니다. 조금 속되고 과격하긴 해도 아이들과 함께 살아가는 어른의 고단함을 잘 표현해 준다는 점에 공감하지 않을 수 없습니다.

많아야 두세 명의 자녀들을 돌보는 일에도 몸과 마음의 노력이 요구되는 법인데, 교실에서는 스무 명이 넘는 아이들을 매일 돌봐야 하니 체력이 많이 소모되는 일임은 틀림없습니다. 육아를 위해 보호자의 체력이 필수로 요구되듯이, 아이들의 건강한 성장을 위해서는 선생님의 체력도 절대 무시할 수 없습니다.

아이들과 소통하는 일이 힘에 부칠 때면 사무실에 앉아서 일하는 직장인들이 부러울 때도 많습니다. 선생님이 되면 학생을 가르치기만 하면 되는 줄 알았는데, 매일 이어지는 생활지도와 상담은 더 힘들고, 행정업무는 또 그것대로 해내야 해서 저를 힘들게 했습니다. '수업만 한다면 더 잘할 자신이 있는데, 차라리 행정업무만 한 다면 더 신속하고 정확하게 해낼 수 있는데.' 경력이 더 적을 때는 이런 생각을 수도 없이 했던 것 같습니다(물론 지금도요).

아무리 넓은 이해심으로 아이들을 돌보리라 마음먹더라도 선생님의 하루가 피곤하고 힘들다면 그 관심이 아이들에게 제대로 전달될 수 없는 건 당연한 일일 것입니다. 어린이집에서는 교육보다 보육이 우선시되고, 중고등학교에서는 학습의 비중이 상대적으로 더 중시된다면, 초등학교 교실은 그 과도기의 단계로 학습과 마음 돌봄 모두에 초점을 맞추어야 하기에 더 세심한 관심이 필요하고 부단한 체력이 요구된다고 생각합니다.

오늘 몸이 힘들다는 이유로 내 일에 최선을 다하지 못하면 그 영향은 고스란히 우리 아이들에게 돌아갑니다. 그렇기에 교사의 자리는 늘 에너지가 필요한 일이라는 걸 매일 되뇌며 살아가야겠지요. 그래야 오늘도 선생님을 기다리고 있는 교실의 풀꽃들을 더 자세히, 더 오래 볼 수 있으니까요. 선생님의 몸과 마음이 건강할 때 풀꽃들도 더 예쁘게 피어날 수 있기 때문입니다.

자세히 그리고 오래 들여다보면, 이전에는 보이지 않던 것들을 새로이 발견하게 될 때도 있습니다. 발명과 발견은 엄연히 다른 말입니다. 발명은 과거에 없던 새로운 무언가를 만들어 내는 것이지만, 발견은 이미 존재하나 아직 알려지지 않은 무언가를 알아내는 것입니다. 그런 점에서 아이들을 자세히 그리고 오래 들여다보며 새로운 면을 발견하는 시간을 가져도 좋을 것 같습니다.

신대륙을 발견한 콜럼버스처럼 아이들이 자신 안에 숨은 꽃눈을 찾도록 도와주는 것, 그 꽃눈이 원래부터 네 안에서 자라고 있었다고 알려 주는 것, 지금 당장 꽃을 피우지 못한다고 해서 함부로 해도 되는 꽃눈은 어디에도 없음을 가르쳐 주는 것. 선생님은 저마다의 꽃눈을 소중하게 잘 가꾸는 아이들에게 언젠가 세상 밖으로 꽃 피울 날이 올 거라고 귀띔해 주는 사람입니다.

아이들은 가슴속에 저마다의 세상을 안고 살아갑니다. 선생님으로 산다는 건, 마음속에 그런 아이들의 세상을 함께 품고 지내는 것 같습니다. 그래서 어쩌다 자기의 세상을 잃어버린 아이들을 마주할 때 자기 세상을 되찾을 수 있도록 끊임없이 도와주는 사람이 되려는 것이지요.

아이들은 자기도 모르는 사이 꽃눈을 조금씩 피우면서 어른이 됩니다. 부지런히 자라다가 문득, 마음속에서 꺼내 볼 수 있는 추억 가운데 제가 있으면 좋겠습니다.

옛날과 오늘날의 생활과 문화에 대해 배우던 사회 시간, 학창 시절이 떠오르면서 문득 아이들의 생각이 궁금해졌습니다.

"선생님이 어릴 때는 운동장도 커 보이고, 교실도 참 커 보였는데, 너희도 그러니? 학교에서 크게 느껴지는 게 있어?"

"크게 느껴지는 건 없는데 길게 느껴지는 건 있어요."

"그래? 그게 뭔데?"

"수업 시간이요."

아이들의 말은 도무지 이길 수가 없습니다.

식어서
더 따뜻한 피자

'공감.' 다른 사람이 처한 상황이나 느끼는 기분을 마치 자신의 상황이자 자신의 느낌인 것처럼 받아들이는 것을 우리는 공감이라고 말합니다. 공감 능력이 뛰어난 사람들은 타인과 맺는 관계가 좋을 수밖에 없지요. 기쁨이나 슬픔을 이해하고 나누는 힘이 클 테니까요. 저는 항상 스스로 공감 능력이 좋다고 생각해 왔습니다. 그런데 사실은 '공감하는 척'을 잘하는 사람이었다는 걸 깨닫게 된 일이 있었습니다.

아토피가 심했던 민혁이는 늘 음식을 가려 먹어야 했습니다. 밀가루 음식은 아예 먹지 못했고, 너무 자극적인 양념이 들어간 음식도 먹지 못했습니다. 치킨이나 피자는 당연히 그림의 떡이었고 담백하고 건강하게 나온다는 학교 급식조차 마음 편히 먹을 수 있는 반찬이 몇 가지 없었습니다. 심한 날은 먹을 수 있는 반찬이 아예 없어서 맨밥만 먹기도 했지요. 그러니 또래에 비해 당연히 키도 작고 야위었습니다.

점심시간이면 못 먹는 음식을 골라내느라 젓가락질이 바쁜 민혁이를 볼 때마다 마음이 아팠습니다. 친구들이 먹기 싫은 음식을 가려내느라 바쁠 때 민혁이는 먹을 수 있는 음식을 찾아내야 했으니까요. 처음에는 저도 많이 걱정했지만 정작 민혁이 본인은 이런 생활에 적응한 지 오래라 그런지 개의치 않고 스스로 잘 해냈습니다. 어쩌면 그런 모습이 더 안쓰러웠는지도 모르겠습니다. 어린 나이에 그런 상황을 받아들이기까지 얼마나 힘든 시간을 겪어 왔을지 제가 감히 헤아리기는 힘들었겠지요.

체구는 작았지만 달리기를 좋아했고 축구도 잘했던 민혁이는 체육 시간에 늘 주도적이었습니다. 아토피 문제가 거슬려 수업에 집중하기가 힘들다 보니 공부를 잘하지는 못했지만, 생활 태도는 흠잡을 데가 없었습니다. 친구들과도 사이좋게 지내면서 우리 반의 분위기를 긍정적으로 만들어 주는 아이였거든요.

교실에서 간단한 간식을 나눌 일이 종종 있습니다. 수업 활동에 대한 보상인데 주로 사탕이나 과자 같은 것들이지요. 몸에 좋다고는 할 수 없지만 매일 먹는 것도 아니니 다른 아이들에게는 크게 문제 될 것이 없었습니다. 이따금 얻게 되는 사탕 하나가 학교생활의 소소한 기쁨일 때도 있으니까요. 하지만 민혁이에게는 절대 안 될 일이었지요.

고민 끝에 민혁이에게는 다른 간식을 준비하기로 했습니다. 선택지가 넓지는 않았습니다. 유기농 튀밥이나 쌀과자, 말린 과일칩 같이 주로 아기들이 먹는 순한 먹을거리들뿐이었습니다. 왜 몸에 좋은 것들은 늘 맛이 덜한지, 그렇게 안타까웠던 적도 없었을 겁니다. 다행히 민혁이는 그런 간식이라도 만족해했습니다. 지금껏 이렇게 따로 챙겨 주었던 선생님은 처음이라며, 민혁이 어머니께서 감사를 전하기도 하셨습니다.

누군가에는 당연한 일이 또 누군가에게는 간절한 소망일 때도 있습니다. 잘 깨닫지 못할 때가 많지만요. 저와 우리 반 아이들은 민혁이를 통해 그걸 배우는 중이었습니다. 저도 맛있는 음식을 먹는 것으로 스트레스를 풀곤 했기에 그러지 못하는 민혁이의 고통을 누구보다 잘 이해하고 있다고 생각했습니다. 충분히 공감한다고도 믿었고요. 그러나 얼마 지나지 않아 큰 착각이라는 걸 알게 됐습니다.

그날은 운동회 날이었습니다. 특별한 날이라 학년에서 단체로 아이들에게 피자를 시켜 주기로 예정되어 있었습니다. 아이들이 난리가 난 건 두말할 여지가 없었지요. 그냥 먹어도 좋은 피자를 학교에서 친구들과 함께 먹을 수 있으니 얼마나 즐거웠을까요. 운동장에서 교실로 들어오는 복도에는 이미 피자 냄새가 가득했습니다. 열심히 뛰고 목이 터지도록 응원하다 들어온 터라 모두 허기진 상태였습니다. 저마저도 군침이 돌았습니다.

그런데 어디선가 갑자기 울음소리가 들렸습니다. 민혁이였습니다. 민혁이도 피자가 온다는 것을 미리 알고 있었기에 집에서 먹을거리를 챙겨 온 상태이긴 했습니다. 하지만 교내에 퍼지는 피자 냄새에, 즐겁게 나눠 먹는 친구들까지 얼마나 자기도 함께하고 싶었던지 교실에 들어오고 얼마 지나지 않아 눈물을 터뜨리고 말았습니다. 그러고는 목놓아 울더군요. 꾹꾹 눌러 담아 왔을 응어리가 한꺼번에 터지는 듯했습니다. 지금껏 그렇게까지 감정을 표현한 적이 없었고 줄곧 차분하기만 했던 민혁이였기에 저도 아이들도 모두 놀랐습니다.

그동안 이해하는 척, 적당히 공감하는 척 지나쳐 온 시간이 미안해서 저도 덩달아 눈가가 젖어 들었습니다. 그렇게 한참을 민혁이를 안고 눈물 흘렸습니다. 교사의 체면 같은 건 잊어버리고 아픔을 나누고 싶은 마음이었습니다. 여태까지 민혁이를 이해한다고 생각해 왔지만, 허울뿐이었다는 걸 그때 깨달았거든요. 아이들도 모두 같은 마음이었기에 교실에는 정적만이 흘렀습니다.

눈물을 쏟고 난 민혁이에게 아이들은 토닥이며 위로를 전하기 시작했습니다. 다른 반 친구들이 따뜻한 피자를 먹고 교실을 떠나는 동안 우리 반의 시간은 그렇게 멈춰 있었습니다. 식어 버린 피자를 먹으면서도 아무도 불평하지 않았습니다. 사라진 피자의 온기만큼 교실은 더 따뜻해졌으니까요. 아이들에게 진심으로 고마웠습니다.

아무리 애를 써도 민혁이의 아픔을 전부 나누지는 못했겠지요. 함께 흘렸던 눈물은 제가 할 수 있는 최선의 위로였습니다. 말없이 등을 만져 주던 친구들, 함께 흐느끼던 아이들, 식어 가는 피자 앞에서도 불평 없이 기다려 주던 친구들 덕분에 민혁이는 다시 웃을 수 있었습니다. 그날은 저도 피자를 같이 먹지 않겠다고도 말해 주었습니다. 동지가 있으면 버티는 일이 그래도 힘이 날 테니까요. 분위기를 망쳐서 미안하다고 친구들에게 웃으며 사과하는 민혁이를 볼 수 있어 좋았습니다.

겉으로 드러내지 않는다고 고통스럽지 않은 것도, 아파하지 않는 것도 아니란 걸 알게 해 준 민혁이에게 고마웠습니다. 보이는 대로만 믿었던 저는, 눈에 보이는 게 전부가 아니라는 걸 민혁이 덕분에 다시 배울 수 있었습니다.

어쩌다 맛있는 걸 눈앞에 두고도 먹지 못하는 상황이 생기면 민혁이가 떠오릅니다. 아마도 할머니가 될 때까지, 피자를 먹을 때마다 생각나겠지요. 민혁이는 지금 어떻게 지내고 있을까요. 어느덧 청년이 되었을 지금쯤은 많이 호전되었다는, 반가운 소식을 들을 수 있으면 좋겠습니다. 언젠가 민혁이를 다시 보게 된다면 웃는 얼굴로 마주 앉아 따뜻한 피자를 나눌 수 있기를 간절히 소망합니다.

"선생님이 어릴 때는 선생님이 진짜 인기 많은 직업이었는데, 요즘은 왜 그런지 인기가 너무 없어."

선생님이 꿈인 사람이 없는 것이 못내 아쉬워서 저는 또 옛날 이야기를 꺼냈습니다. 그런데 아이들이 이런 말을 했습니다.

"요즘 말 안 듣는 애들이 많아서 선생님 되면 너무 힘들 것 같아요."

"엄마가 선생님 하면 힘들다고 하지 말래요."

그렇구나. 너희도 다 알고 있었구나. 교사를 힘들게 하는 학생과 별로 할 수 있는 게 없는 교실을…. 점점 추락하는 교권과 각박해진 학교 분위기가 아이들의 눈에도 긍정적으로 비치지 않았음이 분명해 보여서 저는 또 한 번 슬퍼졌습니다. 그건 사실이 아니라고, 선생님이 되면 좋은 점도 많다고, 그러니 생각을 바꿔 보라고 이야기할 자신이 없었습니다.

승규와
신발장

승규는 에너지는 넘치는데 집중력이 떨어져서 수업을 방해하는 일이 많았습니다. 담임 선생님께 야단맞느라 복도에 나와 있는 일이 잦았고, 영어 시간에도 예외는 아니었습니다. 도대체 뭐가 되려고 그러느냐는 말이 목구멍까지 차오르는 때가 많았지만 그런데도 뭐가 그렇게 즐거운지 늘 싱글거리며 웃는 얼굴이었습니다. 무슨 생각을 하며 살기에 그렇게 즐거운지 궁금할 정도로요.

그런 승규에게 칭찬을 한 번도 해 주지 못했습니다. 눈 씻고 찾아봐도 칭찬할 거리가 없다고만 생각했거든요. 그냥 '잘 웃어서 좋다', '밝은 표정이 참 보기 좋다'는 말이라도 해 주었으면 좋았을 텐데 말입니다. 승규의 그런 장점을 미처 떠올리지 못할 정도로 수업 시간에 저를 너무 힘들게 하는 학생이었습니다. 책을 펴는 일이 거의 없고, 한 시간에 화장실을 두세 번은 다녀와야 할 만큼 제자리에 앉아 있기를 어려워했습니다. 집중력이 짧은 것도 문제였지만, 끊임없이 장난을 쳐서 친구들의 수업을 방해했습니다. 승규만 없으면 수업이 정말 편하겠다는 생각이 굴뚝같았습니다.

*

어느 날 개수대에서 손을 씻다가 걸레를 빨고 있는 승규를 만났습니다. 어딜 청소하는 거냐고 물었더니 신발장을 닦아야 한다고 하더군요. 자기가 맡은 역할이라면서요. 힘든 일일 텐데 웃으면서 하는 승규가 순간 기특해 보였습니다. 저도 어릴 때 걸레 청소가 제일 귀찮고 싫었는데 그런 일을 승규가 책임지고 하고 있다니요. 요즘은 물티슈를 많이 쓰긴 하지만 환경 문제 때문인지 승규네 반은 여전히 걸레를 쓰는 모양이었습니다.
"이야, 걸레 빨기 쉽지 않은데 승규 열심히 하네. 멋지다."
엄지손가락을 세워 격려해 주었더니 승규가 갑자기 눈을 반짝이며 말했습니다. 특유의 싱글벙글 웃는 얼굴이었지요.
"선생님! 저 청소는 잘해요-오!"
수업 시간에는 딴짓만 하던 얼굴이 그렇게 미워 보이더니 교실 밖에서 만난 승규는 이상하게도 참 예뻤습니다. 오락가락하는 소나기만큼이나 왔다 갔다 하는 마음이었지요. '청소는' 잘한다고 힘주어 말하는 목소리에, 괜히 미안한 생각이 들었습니다. 지금껏 혼냈던 일들만 스쳤거든요. 그냥 '청소를' 잘한다거나 '청소도' 잘한다고 했으면 그런 마음이 덜했을 텐데 말이지요.

"그래? 그럼 선생님이 나중에 너희 반 신발장 한번 볼게."

승규는 자기도 잘하는 게 있단 걸 어필하고는 으쓱해졌습니다.

얼마 뒤 영어실 문 앞에서 서성이는 승규가 보였습니다. 누굴 찾는 건가 잠깐 생각하는 사이 승규의 모습은 이내 사라지고 없었습니다. 몇 분이 지났을까요. 영어실 문을 열고 고개를 내민 건 승규의 단짝 친구 기찬이였습니다.

"선생님, 승규가 할 말 있대요."

'아, 혹시 아까 얘기했던 신발장 다 닦았다고, 봐 달라고 얘기하려는 건가?'

짐짓 생각하며 복도로 나갔습니다.

"응, 기찬아, 무슨 일이야?"

"선생님, 승규가 영어실 앞에 있는 신발장도 다 닦았대요."

'청소는' 잘한다고 으쓱하던 승규는 정작 기찬이 뒤에 몸을 쏙 숨기고 있었습니다. 혼자 영어실 신발장까지 다 닦고는 쑥스러워 서성이다가, 직접 말하지 못해 결국 기찬이의 도움을 받은 것이었지요. 승규에게도 이런 모습이 있었다니 새삼 귀엽게 느껴졌습니다.

"와, 승규야, 시키지도 않았는데 여길 다 닦은 거야? 정말 깨끗하다. 승규가 '청소도' 잘하는 줄은 몰랐네. 영어실에 다른 선생님들한테도 자랑해야지! 고마워."

기찬이는 들리지 않게 키득거리면서 승규를 가만히 지켜보고 있었습니다. 평소에 수줍음이라고는 찾아보기 힘들었던 장난꾸러기였기에, 그런 승규가 애쓰고 망설였을 시간을 생각할수록 승규를 볼 때마다 굳어졌던 제 마음이 조금씩 풀어졌습니다.

"선생님, 다음엔 저도 같이 닦아도 돼요?"

기분 좋은 기찬이의 말까지 들으니 마음은 더 밝아졌습니다. 제일 속 썩이던 두 녀석이 나란히 저를 밝히고 있었으니까요. 선생님을 아무리 힘들게 하는 아이라도 선생님한테 잘 보이고 싶고, 잘하는 걸 인정받고 싶어 하는 똑같은 아이란 사실을 잊고 지냈습니다. 어떤 아이라도 분명히 잘하는 무언가가 있다는 당연한 진리를 왜 떠올리지 못했을까요.

승규처럼 청소를 잘하는 아이도 있고, 예의 바르게 인사를 잘하는 아이도 있습니다. 편식하지 않고 골고루 잘 먹거나 친구와 학용품을 잘 나눠 쓰는 아이도 있겠지요. 걱정 없이 잘 웃는 태도도 당연히 아이의 장점 중의 하나일 겁니다. 그런 사소한 것들에 눈을 돌리다 보면 결국 아이가 예뻐 보이는 순간이 옵니다. 그 순간을 놓치지 않으면 좋겠습니다. 그때가 아이들의 하늘에 별이 걸리는 순간이니까요.

깨끗해진 신발장을 떠올리면 수업을 방해하는 승규를 덜 미운 눈으로 바라볼 수 있겠지요. 열심히 신발장을 닦고선 부끄러워 친구 뒤에 숨어 있던 승규의 모습은 앞으로도 제 가슴에 오래도록 남을 것 같습니다.

오늘의 교실 상담소 - 선생님의 고민과 아이들의 솔루션!

Q. 수업 시간에 딴짓을 많이 하는 친구들은 어떻게 하면 집중하게 할 수 있을까요?

집중을 잘하는 친구에게 포인트를 주고 포인트를 모았을 때 작은 상품이나 간식을 주면 어떨까요? 그리고 계속 딴짓을 하면 주의를 주는 것도 괜찮을 것 같아요. 조금은 혼도 나야지요. 그래도 계속 집중을 못 하면 책상 위에 있는 필요 없는 물건들을 책상 서랍 안에 넣으면 도움이 될 것 같아요. 물건을 자꾸 만지는 아이들은 그게 눈에 보이니까 생각 없이 손이 가는 것일 수도 있거든요. 책상 위가 깨끗하면 아마 수업에 좀 더 집중하지 않을까요? 휴지, 물티슈, 물병, 색연필 같은 것들은 싹 치우고 필요할 때만 꺼내 놓으면 집중에 도움이 될 거 같아요. 그래도 계속 딴짓을 한다면 반성문을 좀 쓰면서 열심히 해 보겠다고 다짐을 하는 것도 나쁘지 않을 것 같아요.

엄진후

은밀하게
위대하게

인기 있는 선생님이 되기를 바랐던 적은 없지만, 아이들이 싫어하는 선생님이 되고 싶지는 않았습니다. 언젠가 5학년 담임을 맡았을 때 아이들이 실과 시간을 몹시도 싫어했던 적이 있습니다. 꽃을 심기도 하고 바느질처럼 재미있는 활동이 많은 과목인데도 실과 시간만 되면 한숨을 폭 쉬었습니다. 원인은 실과 선생님이었습니다.

아이들에 따르면, 실과 선생님은 자기들의 말을 전혀 듣지 않는다고 했습니다. 조금만 떠들어도 화를 내거나 본인이 하고 싶은 말만 하신다고요. 아이들은 스스로 존중받지 못한다고 느끼고 있었습니다. 그럼 너희가 생각하는 걸 정중하게 말씀드려 보라고 했더니 고개를 가로젓더군요. 어차피 들어 주지 않을 게 뻔하다면서요.

아이들과 실과 선생님은 소통에 어려움을 겪는 것 같았습니다. 그러니 당연히 관계도 엉망이었겠지요.

교사와 학생의 관계는 그 무엇보다 중요합니다. 올바른 관계 형성이 수업과 생활지도의 시작이자 마무리라고 말하는 사람도 많습니다. 관계만 잘 세워지면 나머지는 저절로 따라오게 된다고도 합니다. 싫은 사람과 아주 멋진 곳을 여행하는 것, 좋은 사람과 그저 그런 평범한 장소를 여행하는 것, 여러분이라면 무엇을 선택하시겠나요? 저라면 후자를 선택할 거 같습니다. 아무리 멋진 곳이라 해도 불편한 동행자와 함께하면 그 풍경이 제대로 눈에 담길 것 같지 않거든요.

아무리 좋은 수업이라도 선생님에게 마음의 문을 닫은 아이들이라면 큰 교육의 효과는 기대하기 어렵습니다. 즐거워야 할 배움의 시간이 버텨야 할 고난의 시간으로 여겨질 테니까요. 뛰어난 수업 기술과 방대한 지식을 가진 교사라도 아이들과 관계가 제대로 형성되지 않으면 그 능력은 빛을 발하기 힘들 것입니다. 소통이 힘들었던 실과 선생님의 수업 시간이 아이들에게 괴로웠던 건 어쩌면 당연한 일이었을지도 모릅니다.

소통을 통해 아이들의 마음을 얻고 긍정적인 관계를 맺는 것은 인기 있는 선생님이 되는 것과는 다른 문제입니다. 수업이 빛나고 교실이 행복해지기 위해서 아이들과 맺는 관계가 가장 우선되어야 하는 것이지요.

소통이 필요하다는 점에서 교실은 하루도 조용히 넘어갈 날이 없는 곳입니다. 그런데 잘 생각해 보면 친구와 싸워서, 규칙을 지키지 않아서, 소란을 일으켜서 저와 소통하는 아이들은 거의 항상 같은 아이들입니다. 매일 이야기할 수밖에 없는 아이와는 매일 대화하지만, 그렇지 않은 아이들 대부분은 선생님과 개인적으로 대화할 기회가 잘 없습니다. 그 사실을 알게 된 후부터 모든 아이와 따로 만나기로 마음먹게 되었습니다.

'상담'이라고 하면 너무 거창해지는 거 같아서 그냥 얘기나 하자고 합니다. 그런데 아이들에게 방과 후에 얘기하자고 하면 한결같은 반응이 돌아옵니다.

"선생님, 저는 잘못한 게 없는데요?"

아이들에게도 선생님과 하는 상담이 익숙하지 않은 것입니다. 그만큼 담임 선생님과 제대로 얘기를 나눠 볼 기회가 없었다는 말이기도 했지요. 물론 그렇게 하지 않으시는 선생님들을 탓하는 건 아닙니다. 학교는 하루하루 상상하기 힘들 만큼 바쁘게 흘러가는 곳입니다. 수업도 해야 하고 쏟아지는 공문과 행정업무도 처리해야 합니다. 그 와중에 학부모님 전화도 받고, 회의 가랴, 출장 가랴, 또 들어야 하는 연수는 얼마나 많은지요. 담임을 맡은 해의 3월은 몸이 열 개라도 부족할 지경입니다.

그럼에도 시간을 쪼개어 아이들과 따로 만나는 일을 고집하는 이유는 그 어떤 대화보다 은밀하고 위대하다고 믿기 때문입니다.

얼굴을 맞대고 이야기를 나눌 때, 쪽지를 주고받을 때와는 전혀 다른 소통을 경험할 수 있거든요.

"현진이는 혹시 친구들에게도 말 못 한 고민이 있니? (선생님은 무덤까지 비밀을 가지고 가니까 안심하고 알려 줘도 돼.)"

"서준이가 학교생활을 재밌게 할 수 있도록 돕고 싶은데 선생님에게 바라는 게 있으면 이야기해 줄래?"

"아직 친구들도 어색하고 적응하느라 많이 걱정되겠지만 선생님이 도와줄 테니까 힘내 보자."

이런 말들로 대화를 채우다 보면 아이를 더 깊이 이해하게 되어 생활지도에 도움을 얻기도 하고 또 아이와 관계를 형성하기도 쉬워지기 마련입니다.

물론 이 과정이 쉽지 않은 아이들도 있습니다. 낯가림이 심한 아이들은 입을 꾹 다문 채 꿈쩍하지 않기도 합니다. 그래도 아이들은 다 듣고, 느끼고 있습니다. 마음을 내어주는 속도가 더딜 뿐입니다. 저는 그럴 때 제 이야기를 먼저 들려줍니다. 인터뷰하듯 질문만 퍼부으면 내성적인 아이들은 많이 부담스러워하기 때문에 세심하게 다가가는 전략이 필요하거든요.

"선생님은 체육에 자신이 없는데, 올해는 체육도 가르쳐야 해서 밤에 잠도 잘 안 와."

"선생님 아들이 캐릭터 카드에 빠져서 자꾸 사 달라고 조르네. 혹시 좋은 방법이 있을까?"

아이들은 학년과 성별을 막론하고 선생님의 개인적인 이야기를 아주 좋아합니다. 그래서 어떨 때는 이야기를 흥미롭게 각색할 때도 있습니다. 아이가 선생님의 이야기를 재미있게 듣고 있다면 상담도 반은 성공이죠. 한번 마음이 열리면 조용했던 친구들도 자기 이야기를 천천히 하기 시작하거든요. 고민이나 힘든 점이 있을 때 언제든지 편하게 얘기해 달라는 당부까지 덧붙이면 상담은 훈훈하게 마무리됩니다.

그렇게 아이들을 따로 만나다 보면 어느새 아이들의 마음이 활짝 열린 걸 볼 수 있습니다. 특히 조용하고 내성적인 아이들이 이런 대화에서 생각보다 자신을 많이 내보이기도 합니다. 그러면서 아이와 더 가까워지고, 때로는 그 아이가 가진 독창적인 세계를 만난 적도 많습니다.

한 명의 아이를 온전히 만나기에 충분한 시간은 없습니다. 다만, 아이의 마음을 엿보고 가까이 다가가려는 선생님의 노력이 아이들의 마음을 연다는 건 확신할 수 있습니다.

"선생님, 저는요, 교실에서는 정말 조용한데, 집에서는 별의별 얘기 다 해요. 학교 밖에서는 딴판이에요."

"어제 우리 엄마가요, 아빠가 코를 너무 많이 곤다고 방에서 쫓아내서 우리 가족이 다 웃었어요."

순수하기도 하고 솔직하기도 한 아이들이라 여과되지 않은 이야기를 쏟아내는 일이 많아서 웃음이 날 때도 많습니다. 아이들과 이렇게 따로 상담하며 소통한다는 건 엄청난 노력과 시간이 요구되는 일입니다. 당연히 힘들고 귀찮을 때도 많지요. 하지만 은밀하고 위대한 이 대화를 통해 아이들의 작은 세계에 귀 기울이고 고민을 나누다 보면, 나중에는 엄청난 뿌듯함이 파도처럼 밀려옵니다. 아이들과 맺는 긍정적인 관계는 덤이고요.

이렇게 아이들과 한 편이 되고 나면 교실은 행복한 공간이 될 수밖에 없습니다. 아이의 이야기를 한 번이라도 더 들어 주고 거기에 공감해 주는 것이, 수학 공식 하나 더 가르치고 영어 단어 하나 더 외우게 하는 것보다 훨씬 가치 있는 일일지도 모르니까요.

학습이 궁극적으로 효과를 발휘하기 위해서는 서로의 신뢰가 우선되어야 합니다. 그리고 아이들과 맺는 관계에서 열쇠가 될 여러분만의 '무기'를 만들어 보세요. 대화로 아이들의 마음을 두드릴 수도 있고, 학습과 연계한 재미있는 놀이 활동으로 아이들의 마음을 사로잡을 수도 있겠지요. 집단 상담으로 아이들과 관계를 쌓아 가는 선생님도 보았습니다. 함께 만드는 공정한 규칙을 통해 신뢰감 두터운 교실을 운영하며 긍정적인 관계를 쌓아 가는 선생님들도 계시고요. 어느 것이라도 정답은 없습니다. 자신이 가장 잘할 수 있는 것이 바로 정답이기 때문이지요.

오늘의 교실 상담소 - 선생님의 고민과 아이들의 솔루션!

Q. 공부에 관심이 없고 놀기만 좋아하는 아이에게 어떻게 말해 주면 공부에 관심을 가지게 할 수 있을까요?

놀기 좋아하는 아이들은 오래 앉아서 집중하는 걸 원래 힘들어해요. 그래서 공부에 관심을 붙이게 할 재미있는 걸 만들어 주시면 좋아요.
포인트 카드 같은 걸 만들어서 아이들이 싫어하는 수학 시간에 열심히 (참여)하거나 지겨운 글쓰기 같은 걸 노력해서 완성할 때마다 1점씩 주면 좋을 것 같아요! 포인트 카드에 모은 포인트로 가끔씩 작은 학용품이나 간식을 살 수 있는 '교실 마켓' 같은 걸 열면 아이들이 정말 좋아할 거예요. 만약 일일이 따로 점수를 주는 게 힘드시면 반 아이들이 모두 최선을 다했을 때 학급 점수를 주고 그걸 많이 모았을 때 체육 시간처럼 아이들이 원하는 활동을 보상으로 주는 방법도 있어요!

권남향

나오며

 15년 전 제가 초임 교사였을 때 만났던 제자가 자라서 다시 선생님이 되었다고 하니 아이들이 무척 신기해했습니다. 아직 학교와 학생들이 낯설고 어려울 초보 선생님이 교실에서 어떻게 대처하면 좋을지 궁금해한다고 하니, 자기들이 도움을 줄 수 있다는 사실에 무척 들뜨고 기뻐했습니다. '오늘의 교실 상담소'는 그렇게 탄생했습니다.
 아이들의 시선으로 전하는 사소한 조언이 누군가에게는 큰 힘이 되고 용기가 될지도 모른다고 믿습니다. 아이들이 행복한 교실에서 선생님도 행복할 수 있고, 선생님이 행복해야 아이들도 행복하게 지낼 수 있다는 걸 배웠습니다.
 글에서 다룬 많은 일에 대해, 제가 정말로 결심한 대로 하고 있다고 확언할 수는 없습니다. 그저 '그런 교사가 되어야지' 혹은 '그런 교사가 되고 싶다'라는 결심을 한 문장 한 문장 써 내려가다 보니 어느새 이야기로 가득 채워져 있었을 뿐입니다. 사연이 하나씩 늘어갈 때마다 좋은 선생님이 되고 싶다는 마음도 더 커졌습니다.
 글을 쓴다는 건 종이 위에 차려 낸 혼자만의 작은 세상으로 손님을 초대하는 일입니다. 그 위로 기꺼이 발을 내딛는 독자를 본다는 건 말로 설명하기 어려운 기쁨이지만 동시에 크기를 가늠할 수 없는 부끄러움이기도 합니다. 아이들의 마음이 녹아 있는 글, 또 아이들과 함께 쓴 글이기에 기쁨은 더 크게 누리고, 두려움은 조금 덜 수 있어서 감사한 마음입니다.

아이들은 약해 보이지만 사실은 어른들에게 가르침을 주기도 하는 강한 존재들입니다. 반짝거리는 아이들과 부지런히 함께 빛날 우리가 필요합니다. 자, 이제 준비가 되셨나요?

누군가는 교실을 정글이라고 표현하더군요.
우리는 그 안에서 아이들과 함께 오늘을 그리며 살아갑니다.
때론 왁자지껄한 정글을 벗어나고 싶을 때도 있지만,
이런 선생님이라도 너무 좋다는 아이들,
두 손 모아 하트를 그려 주는 아이들이 있어
저는 오늘도 가르치러, 또 배우러 학교에 갑니다.

이제 막 교사가 된 제자

정훈이에게

새 학교로 첫 발령을 받던 날 잠을 설쳤다는 너의 연락을 받고 나도 모르게 미소가 지어지더라. 10년도 훨씬 전, 5학년인 너를 만났던 첫 학교가 떠올랐거든. 첫사랑, 첫눈, 첫 출근 … 모든 것의 처음이 설렐 수 있는 이유는 미지의 것에 대한 기대와 두려움이 섞여 있어서겠지.

신규 교사의 하루가 경력 교사의 하루보다 더 특별할 수 있는 이유는 그 안에 담긴 이야기들이 모두 처음이기 때문일 거야. 아직 꺼내 보지 않은 과자 상자를 기대하며 천천히 열어 보는 아이의 순수한 마음처럼 처음이기에 더 소중하고 의미 있는 거지. 누구에게나 시작은 어렵고 어설픈 법이지만 지도를 보고 천천히 방향을 찾아가는 여행이라 생각한다면 용기를 가지고 여정을 꾸려 나가기가 좀 수월하지 않을까 해.

내가 병아리 선생님이었던 시절에 시작된 인연의 끈이 지금까지 이어지고 있다는 사실이 참 소중하게 느껴진단다. 오랜 시간이 흘렀음에도 여전히 우리 사이에 따뜻한 이야기가 흐르고, 그 온기를 간직한 추억이 조각조각 존재한다는 건 아름답고도 감사한 일이야.

한편으로는 어설프고 실수투성이였던 내 과거의 모습들을 네가 기억하고 있는 건 아닐까 부끄럽기도 하고 걱정스러운 마음이 들기도 했어. 아무것도 몰랐던 때였지만 아이들에 대한 열정 하나는 가득했었는데, 네가 그런 선생님을 잊지 않고 기억해 준다는 사실에 힘이 많이 나더라. 세월이 흐르는 동안 내 흰머리는 늘어났지만 영락없는 꼬맹이였던 네가 벌써 이렇게 자라 초등학교 선생님이 되었다니 생각할수록 감동이란다. 혼자만 알고 있기 아까워 주변 사람들에게 막 자랑하고 다니며 호들갑을 떨었을 내 모습을 상상해 보렴.

첫 담임을 맡으며 학교생활이 쉽지 않다고 이야기하는 너를 보면서 잊고 지냈던 지난날의 기억을 다시 꺼내 보게 되었단다. 교육학 이론보다 더 깊이 있게 다루어야 할 '행복한 선생님'이 되는 진짜 수업은 어디에서도 들을 수 없었다는 사실이 떠올랐지. 소아청소년과 전문의라도 첫 아이를 키우는 데는 분명히 서투를 수밖에 없을 거야. 의학 이론에는 빠삭할지 몰라도 아이를 실제로 키워 본 엄마, 아빠보다는 경험이 부족할 테니까 말이야.

교사로서 최선을 다한다는 건 어찌 보면 아이들을 위한 노력과 희생인 것 같지만, 한편으로는 자기의 만족을 위한 이기심으로 볼 수도 있단다. 꼬박 반나절을 교실에서 아이들을 마주하는 일을 업으로 삼는 선생님이, 교실에서의 시간을 불행하다고 느낀다면 스스로에게도 너무 가혹한 일이기 때문이지.

좋은 선생님이 된다는 건 학생들을 위한 일이라는 생각보다, 교사 자신을 위해서라는 마음을 가져보면 어떨까. 선생님은 학생들이 올바르게 자랄 수 있도록 도와주는 존재인 것처럼 보이지만, 사실 교사로서의 삶은 학생이 성장하는 곁에서 함께 성장하는 경험을 하게 되는 여행과도 같거든.

행복해지고 싶지 않은 사람은 어디에도 없을 거야. 행복한 교사가 되기 위해서 아이들과 함께하는 시간이 행복해야 하는 건 너무도 당연한 일이고. 우리 스스로 행복해지기 위해 함께 이기적인 사람이 되어 보지 않을래? 아이들을 위해서가 아니라 나 자신을 위해서 행복한 선생님이 되어 보자는 거지. 『긴긴밤』이라는 책에 이런 구절이 있어.

"조급해하지 마. 마음을 급하게 먹는다고 빨리 나이를 먹는 건 아니니까."

정훈아, 하루빨리 아이들과 따뜻함을 나누는 좋은 선생님이 되고 싶다고 했지? 그렇다고 너무 조급해하지는 마. 마음을 급하게 먹는다고 얼른 좋은 선생님이 되는 건 아닐 거야. 또 나이가 든다고 해서 아이들을 사랑하는 마음이 더 커진다는 보장도 없단다. 아이들을 대하는 기술이 조금 더 능숙해질 수는 있겠지만 감정은 오히려 무너질 수도 있거든.

중요한 건 마음가짐이란다. 아마 몇 해만 지나도 선생님으로서 너의 마음가짐은 많이 달라져 있을지도 몰라. 수업보다는 업무에 더 시간을 투자하고, 교실에서 아이들이 재잘거리는 소리보다 교무실에서 걸려 오는 전화 소리에 더 신경을 곤두세우게 될지도 모르지. 교사를 힘들게 하는 상황들이 갈수록 많아지는 교실 상황에 서글퍼하며 그럴 때마다 한숨이 늘어나게 될 수도 있어. 그렇다 하더라도 네가 아이들의 선생님이라는 사실은 늘 가슴에 품고 살았으면 좋겠구나. 학교라는 직장에 매일 출근할 수 있는 건 아이들이 있기 때문이고, 내가 가진 지식을 나누어 줄 기회를 얻는 것도 아이들이 있기 때문이니까.

학교에서 근무한 긴 시간 동안 정말 많은 경험을 할 수 있었어. 세상에 다양한 사람들이 존재하는 것처럼 학교에도 정말 다양한 선생님들이 계시고, 그에 못지않게 정말 다양한 아이들이 있더구나. 그런 학교에서 마음이 따뜻했던 순간들, 아이들 덕분에 행복한 교사가 되었던 이야기들을 너랑도 나누고 싶어.

글을 쓰면서 지나간 시절이 떠올라 그립기도 했고 어떤 말로 표현해야 잘 전해질까 고민될 때도 많았지만, 아름다웠던 시절을 함께했던 제자에게 응원이 될지도 모른다고 생각하니 행복한 시간이었어. 기록하지 않으면 잊힐 것들이 언젠가 큰 자산이 된다는 말도 체감할 수 있었지.

작은 손으로 꼭꼭 접은 종이배를 강물에 띄워 보내는 아이의 바람처럼 나의 작고 초라한 글들이 너에게 따뜻한 선물이 되기를. 누군가에게 진심으로 가닿기를. 또 누군가의 가슴에서 용기와 위로가 되어 흐르기를. 나보다는 시행착오를 덜 겪고, 덜 고민하기를 바라는 마음에서 쓴 이야기들이 너에게 힘이 되고 위로가 된다면 참 기쁠 것 같아.

사랑하는 나의 제자 정훈아, 신규라는 이름은 처음 발령받은 학교에서만 불릴 수 있는 귀한 이름이란다. 지나고 보면 그때가 너의 교직 생활 중에 제일 아련하고도 소중하게 기억될 순간이 될 거야. 네가 첫 학교에서 어떤 좌절을 맛보고, 아이들과 어떤 행복을 누리며, 또 어떤 추억의 페이지를 채워 나갈지 선생님은 기대가 많이 돼. 하루하루 귀한 시간을 차곡차곡 다져서 너의 가을에는 부디 알찬 열매를 맺게 되기를 선생님이 늘 응원하고 있다는 것 잊지 마.

첫 시작의 문턱에서
선생님이

이제는 동료 교사로 만나 뵐

선생님께

초등학교 5학년 때 선생님을 만난 건 제 인생에서 큰 전환점이었습니다. 어린 저에게 선생님이라는 존재는 그저 무섭고 혼내는 존재로 인식될 뿐이었는데 선생님을 통해 그 생각이 바뀌었습니다. 선생님은 부모님처럼 다정한 분이셨고 늘 든든한 보호자가 되어 주셨어요.

웃으면서 유쾌하게 1년을 지내보자며 지었던 우리 반 이름은 '비슬 개그반'이었지요. 그때는 그 안에서 그저 즐겁고 재밌기만 했었는데, 막상 아이들을 가르치고 나서야 선생님이 우리 반을 인솔하시느라 고생 많으셨으리라는 생각을 했습니다. 선생님은 언제나 저희를 하나의 인격체로 존중해 주셨고, 저희가 직접 가꾸는 교실이 되도록 이끌어 주셨습니다.

선생님께서 진심으로 내 새끼가 잘 되었으면 하는 마음으로 훈육하셨던 많은 시간이 있었기에 지금의 제가 있다고 생각합니다.

저희가 잘할 때는 칭찬을 아끼지 않으셨고 저희가 엇나갈 땐 따끔하게 조언해 주셨으니까요.

선생님이 되어 달라진 시선으로 다시금 돌아보니, 아이들과의 소통이 얼마나 어려운 일인지 실감하고 있습니다. 그때의 선생님이 저희를 얼마나 아끼고 사랑하셨는지도 깨닫게 되었어요. 아이들의 마음을 읽고 눈높이를 맞추려는 교사의 노력이 결코 쉬운 일이 아니라는 걸 알게 되었거든요.

점심을 먹고 난 오후 운동장 구석으로 달려 나가 뽕나무에서 함께 오디를 땄던 일, 〈개그콘서트〉가 방영된 다음 날이면 쉬는 시간에 선생님이랑 개그 배틀 했던 일, 웃긴 표정을 지으면서 재미있는 사진을 찍었던 많은 일이 모두 잊지 못할 추억입니다. 우리가 땄던 오디가 모여 금세 한 바구니를 채웠을 때 감탄하시던 선생님의 모습도 아직 생생해요.

친구들이랑 시내에 놀러 갔던 일도 기억하고 계실까요? 제게는 특별한 추억으로 남아 있습니다. 영화도 보고 맛있는 떡볶이도 먹고, 정말 즐거웠는데…. 그때 저희가 봤던 영화가 아마 〈해운대〉였지요. 그 이후로 영화 〈해운대〉 이야기가 들릴 때마다 선생님이 생각나면서, 신나고 설렜던 어린 시절의 제 모습도 떠올랐어요. 저희의 눈높이에서 친구같이 편하게 대해 주신 선생님이라, 함께했던 시간이 더 행복했습니다. 중학생 때 친구들에게 선생님과의 일을 자랑했던 적이 있었는데 정말 그런 선생님이 계시냐고, 친구들이 부러워했던 것도 떠오릅니다.

'나도 손지은 선생님이 내게 하셨던 대로 제자들을 길러야겠다', '아이들을 존중하는 교사가 되어야겠다'라는 생각으로 선생님과 같은 길을 가기로 결심했습니다. 선생님은 제 선택을 반겨 주시며 잘 할 수 있을 거라고 응원해 주셨습니다. 교대에 입학하기 위해 공부하던 내내, 임용고사를 준비하던 내내 선생님의 격려는 저에게 큰 버팀목이었어요. 늘 감사했습니다.

저는 아직 초보 교사이고, 교육 환경에 대한 우려의 목소리가 큰 현실이지만, 선생님과 같은 길을 걷기로 결심한 저의 선택에는 후회가 없습니다. 물론 모든 게 처음인 교직 생활이기에 아직은 어렵고, 배울 것도 많다는 걸 매일 느끼고 있지만 두렵지는 않아요. 겸손한 자세로 선생님이 하셨던 것처럼 열심히 배우면서 아이들과 함께 성장할 자신이 있기 때문입니다. 제가 존경하는 선생님과 함께 교육자의 길을 걸을 수 있다는 사실에 저는 매우 행복합니다.

늘 건강하시고 좋은 일만 가득하시길 바랍니다. 선생님, 감사하고 사랑합니다.

선생님의 제자이자 동료 교사

채정훈 올림

오늘도 아이들에게 배웁니다
여전히 교실에서 희망을 찾는 15년 차 초등교사의 교단 일지

1판 1쇄 발행 2023년 10월 30일

지은이	손지은
펴낸이	한기호
책임편집	송원빈
크로스교정	박혜리
편집	여문주, 서정원, 이선진
본부장	연용호
마케팅	하미영
경영지원	김유아
디자인	김경년
인쇄	예림인쇄
펴낸곳	(주)학교도서관저널
	출판등록 제2009-000231호(2009년 10월 15일)
	주소 04029 서울시 마포구 동교로 12안길 14(서교동) 삼성빌딩 A동 3층
	전화 02-322-9677
	팩스 02-6918-0818
	전자우편 slj9677@gmail.com
	홈페이지 slj.co.kr

ISBN 978-89-6915-155-1 03370
ⓒ 손지은

· 이 책은 저작권법에 따라 보호를 받는 저작물이므로 무단 전재와 무단 복제를 금합니다.
· 책값은 뒤표지에 있습니다.